海上絲綢之路基本文獻叢書

南洋與日本（下）

〔日〕井上清 著
黄率真 譯

文物出版社

圖書在版編目（CIP）數據

南洋與日本. 下 / （日）井上清著 ; 黄率真譯. --
北京 : 文物出版社, 2022.7
（海上絲綢之路基本文獻叢書）
ISBN 978-7-5010-7689-5

Ⅰ. ①南… Ⅱ. ①井… ②黄… Ⅲ. ①區域開發—研
究—東南亞 Ⅳ. ①F133.04

中國版本圖書館CIP數據核字(2022)第097832號

海上絲綢之路基本文獻叢書

南洋與日本（下）

著　　者：〔日〕井上清
策　　劃：盛世博閱（北京）文化有限責任公司

封面設計：鞏榮彪
責任編輯：劉永海
責任印製：張道奇

出版發行：文物出版社
社　　址：北京市東城區東直門内北小街2號樓
郵　　編：100007
網　　址：http://www.wenwu.com
經　　銷：新華書店
印　　刷：北京旺都印務有限公司
開　　本：787mm×1092mm　1/16
印　　張：8.875
版　　次：2022年7月第1版
印　　次：2022年7月第1次印刷
書　　號：ISBN 978-7-5010-7689-5
定　　價：90.00圓

總緒

海上絲綢之路，一般意義上是指從秦漢至鴉片戰争前中國與世界進行政治、經濟、文化交流的海上通道，主要分爲經由黄海、東海的海路最終抵達日本列島及朝鮮半島的東海航綫和以徐聞、合浦、廣州、泉州爲起點通往東南亞及印度洋地區的南海航綫。

在中國古代文獻中，最早、最詳細記載『海上絲綢之路』航綫的是東漢班固的《漢書·地理志》，詳細記載了西漢黄門譯長率領應募者入海『齎黄金雜繒而往』之事，書中所出現的地理記載與東南亞地區相關，并與實際的地理狀况基本相符。

東漢後，中國進入魏晋南北朝長達三百多年的分裂割據時期，絲路上的交往也走向低谷。這一時期的絲路交往，以法顯的西行最爲著名。法顯作爲從陸路西行到印度，再由海路回國的第一人，根據親身經歷所寫的《佛國記》（又稱《法顯傳》）一書，詳細介紹了古代中亞和印度、巴基斯坦、斯里蘭卡等地的歷史及風土人情，是瞭解和研究海陸絲綢之路的珍貴歷史資料。

隨着隋唐的統一，中國經濟重心的南移，中國與西方交通以海路爲主，海上絲綢之路進入大發展時期。廣州成爲唐朝最大的海外貿易中心，朝廷設立市舶司，專門管理海外貿易。唐代著名的地理學家賈耽（七三〇～八〇五年）的《皇華四達記》記載了從廣州通往阿拉伯地區的海上交通『廣州通夷道』，詳述了從廣州港出發，經越南、馬來半島、蘇門答臘半島至印度、錫蘭，直至波斯灣沿岸各國的航綫及沿途地區的方位、名稱、島礁、山川、民俗等。譯經大師義净西行求法，將沿途見聞寫成著作《大唐西域求法高僧傳》，詳細記載了海上絲綢之路的發展變化，是我們瞭解絲綢之路不可多得的第一手資料。

宋代的造船技術和航海技術顯著提高，指南針廣泛應用於航海，中國商船的遠航能力大大提升。北宋徐兢的《宣和奉使高麗圖經》詳細記述了船舶製造、海洋地理和往來航綫，是研究宋代海外交通史、中朝友好關係史、中朝經濟文化交流史的重要文獻。南宋趙汝適《諸蕃志》記載，南海有五十三個國家和地區與南宋通商貿易，形成了通往日本、高麗、東南亞、印度、波斯、阿拉伯等地的『海上絲綢之路』。宋代爲了加强商貿往來，於北宋神宗元豐三年（一〇八〇年）頒佈了中國歷史上第一部海洋貿易管理條例《廣州市舶條法》，并稱爲宋代貿易管理的制度範本。

元朝在經濟上採用重商主義政策，鼓勵海外貿易，中國與歐洲的聯繫與交往非常頻繁，其中馬可·波羅、伊本·白圖泰等歐洲旅行家來到中國，留下了大量的旅行記，記録元代海上絲綢之路的盛况。元代的汪大淵兩次出海，撰寫出《島夷志略》一書，記録了二百多個國名和地名，其中不少首次見於中國著録，涉及的地理範圍東至菲律賓群島，西至非洲。這些都反映了元朝時中西經濟文化交流的豐富内容。

明、清政府先後多次實施海禁政策，海上絲綢之路的貿易逐漸衰落。但是從明永樂三年至明宣德八年的二十八年裏，鄭和率船隊七下西洋，先後到達的國家多達三十多個，在進行經貿交流的同時，也極大地促進了中外文化的交流，這些都詳見於《西洋蕃國志》《星槎勝覽》《瀛涯勝覽》等典籍中。

關於海上絲綢之路的文獻記述，除上述官員、學者、求法或傳教高僧以及旅行者的著作外，自《漢書》之後，歷代正史大都列有《地理志》《四夷傳》《西域傳》《外國傳》《蠻夷傳》《屬國傳》等篇章，加上唐宋以來衆多的典制類文獻、地方史志文獻，集中反映了歷代王朝對於周邊部族、政權以及西方世界的認識，都是關於海上絲綢之路的原始史料性文獻。

海上絲綢之路概念的形成，經歷了一個演變的過程。十九世紀七十年代德國地理學家費迪南・馮・李希霍芬（Ferdinad Von Richthofen，一八三三～一九〇五），在其《中國：親身旅行和研究成果》第三卷中首次把輸出中國絲綢的東西陸路稱爲『絲綢之路』。有『歐洲漢學泰斗』之稱的法國漢學家沙畹（Édouard Chavannes，一八六五～一九一八），在其一九〇三年著作的《西突厥史料》中提出『絲路有海陸兩道』，蘊涵了海上絲綢之路最初提法。迄今發現最早正式提出『海上絲綢之路』一詞的是日本考古學家三杉隆敏，他在一九六七年出版《中國瓷器之旅：探索海上的絲綢之路》中首次使用『海上絲綢之路』一詞；一九七九年三杉隆敏又出版了《海上絲綢之路》一書，其立意和出發點局限在東西方之間的陶瓷貿易與交流史。

二十世紀八十年代以來，在海外交通史研究中，『海上絲綢之路』一詞逐漸成爲中外學術界廣泛接受的概念。根據姚楠等人研究，饒宗頤先生是華人中最早提出『海上絲綢之路』的人，他的《海道之絲路與昆侖舶》正式提出『海上絲路』的稱謂。選堂先生評價海上絲綢之路是外交、貿易和文化交流作用的通道。此後，大陸學者馮蔚然在一九七八年編寫的《航運史話》中，使用『海上絲綢之路』一詞，這是迄今學界查到的中國大陸最早使用『海上絲綢之路』的人，更多地限於航海活動領域的考察。一九八〇年北京大學陳炎教授提出『海上絲綢之路』研究，并於一九八一年發表《略論海上絲綢之路》一文。他對海上絲綢之路的理解超越以往，且帶有濃厚的愛國主義思想。陳炎教授之後，從事研究海上絲綢之路的學者越來越多，尤其沿海港口城市向聯合國申請海上絲綢之路非物質文化遺産活動，將海上絲綢之路研究推向新高潮。另外，國家把建設『絲綢之路經濟帶』和『二十一世紀海上絲綢之路』作爲對外發展方針，將這一學術課題提升爲國家願景的高度，使海上絲綢之路形成超越學術進入政經層面的熱潮。

與海上絲綢之路學的萬千氣象相對應，海上絲綢之路文獻的整理工作仍顯滯後，遠遠跟不上突飛猛進的研究進展。二〇一八年厦門大學、中山大學等單位聯合發起『海上絲綢之路文獻集成』專案，尚在醞釀當中。我們不揣淺陋，深入調查，廣泛搜集，將有關海上絲綢之路的原始史料文獻和研究文獻，分爲風俗物産、雜史筆記、海防海事、典章檔案等六個類别，彙編成《海上絲綢之路歷史文化叢書》，於二〇二〇年影印出版。此輯面市以來，深受各大圖書館及相關研究者好評。爲讓更多的讀者親近古籍文獻，我們遴選出前編中的菁華，彙編成《海上絲綢之路基本文獻叢書》，以單行本影印出版，以饗讀者，以期爲讀者展現出一幅幅中外經濟文化交流的精美畫卷，爲海上絲綢之路的研究提供歷史借鑒，爲『二十一世紀海上絲綢之路』倡議構想的實踐做好歷史的詮釋和注脚，從而達到『以史爲鑒』『古爲今用』的目的。

凡例

一、本編注重史料的珍稀性，從《海上絲綢之路歷史文化叢書》中遴選出菁華，擬出版百册單行本。

二、本編所選之文獻，其編纂的年代下限至一九四九年。

三、本編排序無嚴格定式，所選之文獻篇幅以二百餘頁爲宜，以便讀者閱讀使用。

四、本編所選文獻，每種前皆注明版本、著者。

五、本編文獻皆爲影印，原始文本掃描之後經過修復處理，仍存原式，少數文獻由於原始底本欠佳，略有模糊之處，不影響閱讀使用。

六、本編原始底本非一時一地之出版物，原書裝幀、開本多有不同，本書彙編之後，統一爲十六開右翻本。

目録

南洋與日本（下）

南洋與日本（下）

章五

〔日〕井上清 著　黄率真 譯

民國三年上海中華書局鉛印本

視察之目的

第五　各島視察之概要

予非因好奇之故而上視察南洋之途者也。雖觀風察俗。聞見務求其廣。謹徵愼細。考察務求無遺。然與普通旅行家但以探奇錄異爲能事者。其目的全異。予蓋以一實質的產業視察者而遊南洋者也。故嘵嘵於舟車之設備。旅館之裝設。甚至品評街頭往來土人之容貌。舉凡其所耳聞目覩者。悉數羅列。而卽以熟悉南洋自詡。此非予之本志也。

予又非探險的旅行家也。故予之編本書也。以力避繁贅之遊嬉文章爲主旨。然與官廳流相類之報告書。亦非予所欲也。故本編所述。純以觀察其統治之狀態。產業之趨勢。通商之情形爲綱。而旁及歷史、敎育、交通、風俗等項。務期我國民瞭然於南洋之富源。而藉以爲將來發展之資焉。此實著者之趣志也。

荷屬東印度各島之大略情形。已於前編中概括言之。以下當詳舉諸島中最重之四五島。分敘其現狀。請讀者作爲產業地誌觀可也。

一、爪哇島

已開發之爪哇島

爪哇及馬士刺島。可稱爲荷屬東印度之本土。其他蘇門答剌、婆羅洲、及西列倍斯等大小各島。則總稱之爲外部領地。蓋其政治上之組織及實施均各異趣故也。爪哇面積約五萬方哩。較之我國本州約一倍三分之一。大於臺灣者約三倍。然其人口已達三千萬以上。通世界各國屬土中。未有人口稠密之殖民地如爪哇者也。此非其地方之富饒使然耶。雖然、此多數人民密集於荷蘭國旗之下。而荷蘭主權竟無絲毫之危險。是土民無氣節無能力之故歟。抑荷蘭殖民政策之妙使然歟。吾人姑不深究。總之爪哇爲已開發之地。除土民之知識尚未進於文明外。其他交通產業。以及港灣之設備等等。舉凡一切物質文明之施設。已無一不備。較之蘇門答剌、婆羅洲、西列倍斯等島。其懸隔不啻霄壤也。

十七州之山河

爪哇形勢。與我本州相似。東西長而南北狹。島之中央。有火山脈。凡境內河川皆自此中央分水嶺發源。而南北流。惟皆急湍激流。舟楫不便。且因含有火山性之土質。故其流均濁。然惟其濁。而適爲天賜之肥料。其他小河。隨處皆是。足資灌漑之便。山之最高者。爲拍泗羅安州之希茂洛山。海拔三千六百七十六米突。河之最大者爲梭羅河。貫注梭羅、倫彭及泗水三州。而流入爪哇海。其沿流田地。實在二十二萬三千荷畝以上。全島分爲十七州。茲列如左。

州名		面積	人口
彭動	Bantan	一四三六	八九•五三九〇
巴城	Batavia	二一一七	二二〇•九三五二一
巴倫加	Preanger	三七一〇	二六九•六七六七
吉里彭	Cheribon	一二三三	一七〇•九〇〇五
丕加倫加	Pekalongan	一〇〇八	一九九•〇二八六
三寶瓏	Semarang	一四八八	二六一•四九二三
倫彭	Rembang	一三五二	一四九•六七九八
泗水	Saerabaya	一〇八一	二四三•六九六三
拍泗羅安	Pasoeroean	一五九四	二〇二•二一七〇
勃斯克	Besoeki	一八四五	九七•二四七五

彭及馬斯	Bandjoimas	一〇一〇	一四八・六一二九
克毒	Kedoi	九九二	二三三・八六八三
若夜	Djocjakarta	五六五	一一一・八七〇五
梭羅	Soerakarta	一一二九	一五九・三〇五六
馬藤	Madion	一〇六八	一三四・九四七二
克笛力	Kediri	一二七三	一七七・四五四五
馬士剌	Madoera	九八三	一四九・三一八九
合計		二一・三八八四	三〇〇九・八〇〇八

前記十七州中。若夜、梭羅、二州。已許土人王族自治。然實際權力。仍爲理事官所掌握。已述如前矣。蓋梭羅王爲舊爪哇王泗泗忽南之後裔。至今尙爲土人所崇拜。若夜王亦其支派。本島最後之偉傑訥克洛氏。曾樹獨立旗反抗荷蘭。卽係此地。故其地域在各州中爲最小。乃荷屬政府減削之結果也。馬士剌島在爪哇之東一葦帶水之對岸。因行政上之便宜。立於爪哇同一施政之下。爲有名之製鹹地。

內地開發之理由

展覽地圖。觀爪哇之山川地勢。竊念此三千餘萬之土民。蠢蠢然跼蹐於此一小島。不禁令人起無限之感。所感維何。曰此多數之土民何以必如此密集一島也。更深入其內視之。但見其山野已盡開拓。交通亦極完備。則此感尤深。何則、彼附近之蘇門答剌、婆羅洲等大小各島。大都人煙稀少。而獨爪哇一處。開發殆盡。誰能不想起其中必有特種之歷史的關係乎。蓋稍有常識者。必起以上之疑問也。雖然、無足怪焉。是蓋行强制耕作法之結果而已。以權力强迫土民勞働。而不許其自由移住。於是其工價始廉。而荷蘭之利益隨之而大。溯自歸東印度公司領有以後。至自由耕作許可之間。無智土民。日在舊王土酋鞭笞之下。忍淚含悲。以開山掘土。而其所得之報償。則僅少數之工價。聊以敷一己之簡單生活。與開墾自國之荒蕪而已。惟土民得藉以學習農田原野可得種植何物。與如何收穫等知識。而爲一生謀食之方。此實强制耕作法之所賜也。故由此義言之。强制耕作法。雖爲文明國人所指摘。然對於土人。又係一種之慈悲的虐政也。噫、鞭中有棘。淚中有血。其利益雖盡被收於荷蘭。而爪哇之所以能開發。土民之所以知職業者。蓋即此土民之祖先以血淚購得之報酬已耳。今者爪哇已開發無餘。故自一八八七年以來。荷屬政府頒定移民條例。將送爪哇勞働者。以開發其他各島矣。吁。

如上所述。爪哇之開發歷史如此。則其生產品之輸送。須有多數之港灣方可。故巴城之丹容捕寥克泗水及三寶瓏之三大港。日臻繁盛。其他普通貿易港。尚有安塞爾、亨丹、印度拉馬柔、太加兒、吉里彭、丕加倫、加柔拿倫、彭拍泗羅、安揆洛、僕林克、勃斯克、巴拿爾、幹彭及滑奇等十七港。均准外國輪船自由出入者。

巴城新港

巴城為爪哇首都。即荷屬東印度中央政廳之所在地。人口約四十萬。其七成為土人。次之為中國人。約三萬。歐人僅八千七百名而已。其中荷蘭人占多數。街道廣闊。粉壁紅牆相望。不愧為歐人所經營之都會。家屋建築頗有古風。以能放逐暑氣迎納涼風者為主。各戶均有長廊及庭園。日暮則聚家人於一桌。共飲咖啡而納涼於園中。惟土人家屋則不然。大半狹隘。草葺如鄉僻農戶。然竊盜甚少。各家均夜不閉戶。又入博物館中。但見征服各地之紀念品陳列最多。遊巴城者。必須一往觀者也。

雖然。吾人與其記爪哇名勝。不如敘巴城新港。較為有益於讀者。茲進論丹容捕寥克之築港焉。丹容捕寥克港與爪哇東部之泗水港。每年進出貨物。占荷屬貿易總額十分之七八。由新加坡南向往太平洋洲之船舶。無不訪此兩港者。合計各種官船、外國船及沿岸貿易船入新港者。每日平均七隻。此一千九百零九年之統計也。僅各國之載貨船一項。每年約三百隻。此載貨容積。約一百五十萬方米突。其碼頭、倉庫、鐵道及運河等。又大爲完備。其入巴城新港之船舶中。所最强人意者。則爲丹容捕寥克船塢公司所屬之浮船渠。此雖爲荷屬政府海軍部所管。然自一千八百九十一年。已貸與荷蘭人克洛爾氏所經營。該浮船渠長三百二十四尺。幅六十七尺。深二十二尺。足可應四千噸大之船舶修理。此外又有可容二千噸船舶之船臺一具。此雖尚不足以誇示天下。然二十餘年前。已早有此設備。謂非推察爪哇進步之早之一資料歟。

請更論泗水港。夫海港之價値。通商之位置。泗水港實爲荷屬東印度之冠。當濠洲、新基內亞以及其他各島之要衝。爲將來太平洋中最有望之良港。故巴城者。政治之中樞地也。泗水者。商業之中心地也。宛如我國之一爲東京。一爲大坂與神戸焉。

我國人之在爪哇者。亦以泗水爲多。巴城反少。三井、稻垣、潮谷等各商店。均在泗水。人口十五萬餘。以之與巴城相比較。其繁盛可以想見。一千九百零九年之入港船舶數。及其載貨容積等。統與巴城新港相伯仲。其後更立築港計畫。豫定繼續工事五年。著手以來。甚形忙迫。目下將告竣矣。

荷屬政府。諸事取消極主義。不肯投資以開發殖民地。此吾人向爲荷蘭所遺憾者也。且爲荷蘭謀。亦決非良策。今見泗水築港之新計畫。知荷蘭政府。亦與吾人同一懷抱。已漸次改變其方針矣。蓋荷蘭之所以注意及泗水港者。爲拓殖婆羅洲、西列倍斯、等外部領地之準備。此無待言者也。然荷蘭鑑於太平洋洲中各國商船之競爭甚烈。知過去之退嬰主義不足恃。遂猛然醒覺。翻然改悔。亦未始非一主要原因也。近來巴城新港貨物之吞吐力。已漸次爲泗水所奪。而其位置與從前相顚倒矣。此因爪哇之貿易關係。巴城港不如泗水港爲便。而對於附近各島泗水港亦實占形勝之要區也。其市街雖不如巴城之壯麗。而商業之盛。道上行人之活氣滿溢。卻非巴城所得同日語焉。又泗水向有浮船渠二。共附屬於海軍工廠。一可應五千噸。

文明與野蠻之對照

譯者感言

一可應千四百噸之船舶修理。此外普通商船。亦可懇請代修者。

今試出遊市街。見市街鐵道。（以壓榨蒸氣爲動力）貫穿全市。車馬往來如織。蓋熱帶地方之人士。不問距離遠近。出外之際。必用車馬。苟非最下級之土民。無一人徒步者。故汽車及馬車之需用甚多。現聞有汽車二千四百輛。馬車一萬輛。惟無人力車而已。

又爪哇土人之不知清潔。實爲無出其右者。市內橫流之濁水。汲之以爲飲料。而洗濯沐浴。亦均在此混濁之河沿。尤甚者。大小便亦均放入此河。而淡然不以爲怪。故一旦傳染病發。全市呻吟。（譯者曰吾國官治萬能市政不舉水道水流除一二租界商埠外人代爲興築外其餘全國各地雖省會大埠亦無一設備者故各地人民飲水用水悉取給於河流甚至對岸正洗刷便桶而此岸則淘米洗菜如常焉南方河流較多泛舟漫遊此等景象幾於觸目皆是苟爲井上君記之則吾中華民國國民不豈與爪哇之亡國土人同等乎噫可慨也已）土人死亡率之所以較多者。實職是故。彼衛生思想發達之國民。雖在熱帶地。杳無何等之恐怖。此文明與野蠻之對照。在爪哇一島。實最痛切而感得者也。

爪哇有世界公園之稱。久爲各國人士所垂涎。綠樹青草。奇花異果。累累遍山野。既悅吾目。又適吾口。其愉快實非言語所能形容。若再至東方最古之巴城天文臺。或世界第一之配天熱耳夫植物園遊覽一週。則氣宇之開闊。胸襟之閑雅。令人起何幸而得遊此地之感。有永久不能忘情者。惜吾人無敍述各州風景之餘裕。以下仍摘記吾人之主題。所謂主要產業之視察各項如次。

米業之一斑

爪哇第一之生產品爲米。惟荷屬政府關於土地之統計。僅限於官有貸下地。其他私有地及自治州。均不列入。故無由窺悉其全豹。而爲完全之調查報告。茲僅將吾人所已探知之既往五年間產米額記述之。

一九〇四年	三八二二五・七〇九〇擔
一九〇五年	三七二二八・八〇八〇
一九〇六年	三九四四・二六六二
一九〇七年	三八八六・四八一二
一九〇八年	四一〇六・六一六八

卽平均每年約四千萬擔。若再加私有地及自治州之所產。則當在四千五百萬乃至四千八百萬擔之間。其收穫之多寡。雖依年歲之豐凶而有差別。然平均米田三

百四十萬荷畝之中。其平年收穫約三百三十萬荷畝。則每荷畝之平均產額。卽十二擔內外是也。

米田分水陸二種。在低地者。則以種稻爲甘蔗之間作。灌漑不便處。每年收穫後。卽將水田乾燥之。以間種棉花或其他之間作。在高地者則以米爲第一作。其他豆、煙葉、甘薯、棉花等。均得爲間作。灌漑便利處。每年十二閱月乃至十四閱月之間。得收穫二回。如丕加倫加。三寶瓏、及其他三州是也。凡地方之富於水利者。大半含火山質土壤。故得天然之肥料。而每年收穫二回。其地味仍不變也。耕作法大體與我國同。從事耕種者。均係土人及支那人。其耕耘多用水牛。播苗及割稻等。大半皆男女共作焉。

特產之機那

更進而研究機那及咖啡。此二項產業。爲荷屬之特產。共由政府官營之。計爪哇本島每年機那生產額。近十年來最少約六百萬吉羅格蘭。最多時則九百萬吉羅格蘭以上。彭勤州之機那製造所。有世界最大工場之稱。輸入我國之硫酸機那。卽係該工場之所製。其他向歐洲輸出。以供製藥及化粧原料之用者。亦頗不少。而在爪哇製造者實亦不過其一部分而已。關於機那之歷史。各說不同。然最初大約由秘魯國傳播於各國。英國在一千八百年時。聞曾在喜馬拉耶山附近種之。至荷屬各島。直至一千八百五十四年時。始由南美求得五百枝之苗木與若干之種子。而試植於克達山麓為嚆矢。其種類亦甚不少。惟現今廣為栽植者。均係 Lel griana Succirubra 與 Robusta Cfficin alis 四種。前二種適宜於海拔一千二百乃至一千八百米突之地。後二種適宜於一千八百乃至二千二百米突之地。第一種專供製藥之用。第二種以下供化粧原料之用。其第三種之 Robusta 係近年之新種也。

咖啡官營之沿革

咖啡栽培業。從前荷屬政府最為注力。至今一般之強制耕作法雖廢。而對於此業。仍適用之。實為探知荷蘭殖民政策之唯一材料也。爪哇產咖啡之見於荷屬歷史上者。以一千七百十一年之九百八十三磅輸入荷蘭為始。每磅賣得一盾零七仙。利益甚大。從此東印度公司遂獎勵土人酋長等。令栽植咖啡。未幾、更施行強制耕作法。令每戶須栽植咖啡三百株。以為國民義務。後又增至一千株至一千七百二十九年。其强制耕作數。更又增加一層。然其價格則由東印度公司自定。交付酋長。再由酋長分給土民。故其中弊端甚多。入公司職員及酋長之私囊者不少。土民怨聲載道。至一千八百十年。一時歸英國統治。乃廢從前之强制法。而許其自由耕作。以促進咖啡業之隆盛。故一千八百十五年。上納於英政府者七萬擔。屬於私人者三萬擔。均向歐洲輸出。然不久又歸荷蘭統治。乃將政府所有之咖啡園。借給村民。其借貸租額。則以產額二分之一乃至三分之一。以產品或金錢完納。其餘剩咖啡。又全由政府買收。及咖啡業漸漸發達。而荷蘭政府乃故跌其價。嚴禁私有。壟斷獨占。無所不至。於是其生產額逐漸減少。至一千八百二十三年。不得已又實施强制耕作法如前矣。惟政府買收。價格故低。土人受此血稅以上之痛苦。大嫌忌咖啡業而不止。十年以後。政府稍稍反省。凡有稅地所產之咖啡。照普通市價以五分之二作爲地租。再將一切雜費除淨後。其餘殘額。則歸土民所得。而給與代價。以稍緩和土民之反感。至一千八百六十一年。强制耕作法廢止後。糖蔗及其他各物。均許自由耕作。則咖啡亦當然解土人之束縛。而孰知不然。雖至今日。惟咖啡一項。仍屬政府官營之下而繼續以行強制耕作者也。惟自一千八百九十年以來。咖啡園豫定地。逐漸貸與土民。且設資本貸與方法。此蓋因咖啡之收穫。年年減少。而斯業衰微之趨勢。甚爲顯著故耳。

咖啡種類及產額

爪哇產咖啡之種類。爲利伯利亞種及爪哇種之二種。前者適種於海拔一千五百尺之地。後者須栽植於四千尺之高地方。可跨爪哇東部之克笛力及拍泗羅安二州之克路脫山附近。卽其主產地也。自一千八百二十七年。至一千九百零八年。官有地咖啡之每年平均生產額。爲六十三萬四千五百十四擔。然一千九百零九年。竟一跌而減爲三萬零七百擔。雖其翌年增至八萬二千擔。然終非往年之比。惟爪哇島咖啡之輸出額。在一千九百零九年。仍有五百八十九萬盾。擬當業者之計算。官營咖啡之生產費。加運至荷蘭之輸送費。每擔不過二十盾。而私人自由栽培之生產費。竟須三十五盾。以巴城最近數年間競落市價之平均價格約四十一盾相比。則官營者每擔純益有二十一盾。而商營僅不過六盾。可知強制耕作法之有利於政府爲何如也。而其給與土民之強制勞銀。其低廉之極度。亦得藉此推想矣。噫、此而欲望斯業之發展也。豈不至難者哉。此爪哇咖啡。其品質雖優於巴西咖啡。而仍不免逐次呈衰微之傾向也。

製茶業之發展

轉觀爪哇茶業。則年年進步。卻與咖啡不同。實為我國茶業之一大勁敵。試觀其輸出額。在一千九百年時。不過五百四十五萬吉羅格蘭者。至一千九百零五年。增至一千零四十八萬吉羅格蘭。至一千九百零九年。更一躍而進至一千六百三十萬吉羅格蘭。簡言之。即每五年約加一倍是也。其品質在歐洲市場。雖列於印度茶之次位。然因其生產費之廉。故歐人之投資於製茶事業者。每年平均可得純益百分之二十。無論市價如何低跌。大有不足介意之態。夫爪哇之有茶園也。始於一千八百二十六年。荷蘭使節祺薄兒脫氏渡日本。齎其苗及種子以歸。試種於配天熟耳夫之植物園。後荷蘭人厦克婆遜氏。又親赴支中國。究斯業。且聘中國人七名。創茶園於各地。至一千八百四十一年。竟產出二十三萬磅。

譯者對於中國茶業之觀感

（譯者曰全球萬國茶業之最先發祥地實為吾國之閩皖等省皖人名茶曰插閩人名茶曰透今法人名茶曰斗(the)與透同英人名茶曰梯(tea)即透之轉音日人名茶曰却即插之轉音其他如德人之呼推伊人之呼脫無一非插透二字之轉音蓋絲茶瓷器三者實為我國實業上之國粹近視眼流方日曉曉於路礦吾非謂路礦之不急也惟大權落人手稍一不慎反足召亡而視此

歷史最有光彩吾國民經驗最久吾國土種植最宜且爲全球各國人所共同嗜好而又每日三四次無日不需用之茶業不加整頓不事獎勵坐視他人之蒸蒸日上也噫痛矣）雖一時因生產費過高曾經放棄。然至一千八百七十年。土地條例發布後。實行官有地七十五年貸下制度。以極低率之租稅。許土民自由栽植。其結果遂使勃然興起。以致今日之盛。土民之製茶。大半爲中國人所買收。其規模稍大者。多屬歐人之經營。種茶最適宜之地。爲爪哇西部巴倫加州。中部丕加倫加州。亦頗發展。惟東部不適而已。

爪哇之煙葉業

更觀爪哇產業中屈指之煙葉業。一千九百年之輸出額。爲一千二百餘萬盾者。至一千九百零五年。增至二千二百五萬盾。一千九百零九年。合未製精製及紙煙共三千一百餘萬盾。簡言之。卽十年間約增三倍也。蓋爪哇土人雖小兒亦嗜吸煙。因係自家日用必需之品。故栽植者甚多。加之米與煙葉二項。向未受荷屬政府之干涉。故最爲發達也。一時曾與馬尼剌產及南美產相匹伍。而角逐於歐洲市場。惟耕地不知改良新種。不知選擇。以致品質漸落。而遭遇衰微之悲運。其後蘇門答剌島之煙葉大興。（參照次章）凌駕爪哇煙。而得三倍以上之高價賣卻。於是爪哇人受其剌激。且歐人之來著手斯業者漸多。故其聲價與產額。又復增加矣。勃斯克州產出最多。梭羅若夜二州次之。大半爲米之間作物。其種類則馬尼剌與哈伐拿二種均有。惟哈伐拿種因風土之影響。品質稍劣。馬尼剌種亦稍減固有之風味。然其葉富有彈力。故以供雪茄煙之內層及其他各種製煙料之用最爲合宜。

爪哇之藍。每與米相提並論。同爲古來著名之特產品。我國古代最流行之爪哇更紗。即用此特產之藍所染成者也。今則人造染料輸入漸多。歐洲更紗價格甚廉。故爪哇產漸形衰頹。一千九百年前後。爪哇藍之生產額。尙上下於六十萬吉羅格蘭之間。至近年僅不過十五萬吉羅格蘭內外而已。其種類以中美之克滑脫馬拉及南阿之拿他爾二種爲最廣。巴倫加吉里彭、丕加倫加、三州。即其主產地也。一荷畝之耕作費十二盾。購買種子六盾。約計十八盾內外。得收穫藍草一百二十五乃至二百擔。其平均價格約二十四盾。故土人之收益。一荷畝約得六盾焉。

至若更紗。雖爲歐洲製品價格過廉之故所壓倒。然精巧高尙之特品。則土人以外。中國人及歐洲人之從事斯業者。尙甚多也。其原料大半以生金巾及曬金巾爲主。

無葢藏之柚木

先以之浸於植物油中。以灰汁吸去其外部之油分。更塗以米漿令乾燥。以蠟之混和物而印花紋。此用蠟而畫花紋者。最須熟練之老手。每印一色。必以蠟管且浸染且點綴再四反覆而始成精巧品。故此等精巧沙籠一條。（大幅一丈二尺）約須二閱月方可告成。此實所以價高之故。而優秀品每條。尚須三十盾。染料之原料均用爪哇藍混以阿寧、椰子油及各種之植物性酸類以染藍色。用金雞植物皮及孟搿斯精水菓皮以染黑色。其他靑、黃、紅等色。均各有特種之染料。惟日常普通品。其花紋係印板而染色。亦僅一二種者。則沙籠一條約七八角足矣。吾人於我實業家深望其可爲更紗原料之金巾。務必設法多爲輸出。而廉價之更紗及薄綿織等之需用亦頗廣。（參照後篇）蓋將來我國之貿易品。實以綿毛各種類之輸出爲第一有望品也。

吾人敍述爪哇之生產品將畢矣。而最後尚有一事不能忘情者。卽其豐富之森林是也。其種類之多。生長之速。蓬蓬鬱鬱之巨材大木。均無待人工。天然繁茂。實不得不謂天下之偉觀者焉。咖啡園內所種植之亞爾若利亞、摩洛加等樹。（遮蔽日光用）播種後一年卽高達十八尺。五六年後則成直徑十寸。樹身約七八十尺之大喬木。植物學者謂世界知名之樹木六千餘種。內爪哇有一千五百餘種。豈不偉哉。僅官有柚木林一項。其面積已達一千萬荷畝。若合各種森林之總面積計之。約占爪哇全島百分三十八。其中最著名而有用者。卽柚木樹。普通樹身約五十尺乃至八十尺。其大者約一百二三十尺。直徑三四尺。木質堅牢。可供造船、及鐵軌枕木等之用。三寶瓏以東各地產出最多。荷蘭本國及英屬印度兩處。每年約輸出二百五十萬盾。向我國輸出者。亦年約三四十萬盾。此外若西列倍斯之黑檀。其樹之大。實有令人足驚者。土民往往不求代價。任人採伐。然因搬運不便。非特開道路、或特雇巨船不可。故惟有屠門大嚼而無可如何也。由是觀之。其天產物之無限無盡藏也。不豈可推想而有餘者哉。

其他橡皮、椰子、及糖業等。次篇當詳述。惟馬士剌島之官營鹽業。亦稍有注目之價値。然產額不多。品質亦劣。故略之。

資本爲唯一之問題

要之爪哇島之農林業。實爲各國人所垂涎。其生產之豐富。種類之繁多。雖謂爲南洋之一大寶土。當不過也。且爪哇島民。係天性之農民。惟專心從事於島內之耕耘。

而一無餘念。歐人之投資經營農業公司者亦不少。聞其最大者。資本一千五百萬盾。惟此地與他外部領地相比。則住民既多。開拓已盡。早無外邦人給勞力之餘地。故欲在爪哇發展之人士。須投相當之資本。使用工價低廉之土人。應用地質之適宜。以求產業之改良而已。

二、蘇門答剌島

盛行開拓中之蘇門答剌

蘇門答剌島。今正在開拓中。雖不得與爪哇同日論。然較之婆羅洲、西列倍斯等島。則大爲進步矣。其位置大半在馬來半島之對岸。相隔僅一海峽。故受英屬殖民地之感化較少。因之荷屬諸島中。除爪哇外。惹世人之注目者最早。其面積約十萬一千餘方哩。比日本國尤大。比爪哇約大三倍。然其人口尚未踰五百萬也。

蘇門答剌島共分六州。島之南端曰浡奔。隔巽達海峽與爪哇相對。西南一帶面印度洋者曰倍克倫。浡奔之北曰巴倫彭。再北與馬剌加海峽相對之地曰投利。（又名蘇門答剌東海岸地方）倍克倫之北面印度洋者曰拔堂。（又名蘇門答剌西海岸地方）而蘇門答剌最北端曰亞丁。此六州中以巴倫彭爲最大。浡奔爲最小。

全島重要都市。如浪奔州之太來克倍丹港。巴倫彭市。倍克倫港。西海岸之拔堂市。拔利州之眉堂市。亞丁之哥打。等是。又拔堂市之南有哀厤哈彭港。爲翁皮林炭礦輸出之所。眉堂市之東北。有倍拉王港。其碼頭之規模頗宏大。可停泊四千噸大之輪船。然全島中進步最速一日千丈者。卽與亞丁之最北端在指呼之間之沙板港是也。其東方與馬來半島之檳榔嶼遙遙相對。現荷屬政府銳意經營。作爲軍港兼商港。實將來荷屬東印度之咽喉。且與英屬新加坡相競爭。欲爲全南洋之第一關門。其成否雖尙屬疑問。然至少亦必爲荷屬諸島出入船舶之第一重大門。而幷爲吞吐蘇門答剌全島貿易品之一喉頭機關也。

今舉示荷屬政府所開放之普通貿易港如左。

（1）拔堂（2）普利阿曼（3）阿傑爾彭吉士（4）拿他兒（5）西婆加（9）象俾（7）巴路斯（8）太來克倍丹（9）巴倫彭（10）孟篤克（11）丹容巴堂（12）克路（13）莫伊拉婆（14）他巴丹（15）新吉兒（16）拉雷雷（17）沙板（18）西[illegible]利（19）路塞賣（20）西拿彭

次舉土人自治州內、許外國船舶自由出入之指定港如左。

(1)霹靂王(2)削克士利、印度拉普拉(3)拔抗西、亞丕亞丕(4)拉普亨皮里克(5)沈加伊、雀雀(6)卡洛(7)丹容拔拉(8)拔拔拉(9)丹容巴克拉王(10)彭堂加里巴(11)丹容婆林肯(12)丕路便缸(13)勞套巴強(14)倍拉王(15)丹容普拉(16)巴加浪婆浪堂(17)普勞、孔倍(18)亞丁及附屬州他米安

由此可知海上交通之便矣。此等各港間。均有特產之貿易品。故大船之寄港者頗多也。

既成及未成鐵道

至若內地之陸上交通。則前編已略敘之矣。目下官辦鐵道之已開通者。卽一千八百八十七年起工一千八百九十六年竣成之西海岸綫。由拔堂市南端之可迎健、內拔港起。經拔堂、彭象、福篤、太可克、及巴雀肯婆。而達摩亞洛加拉彭。爲第一綫。(以輸送炭礦爲主)又一千九百十年完成之南岸綫。由太克倍丹港起。(浪奔州海岸娃達海峽之要港)達巴倫彭市者。爲第二綫。且本綫將來由巴倫彭折西出一支綫以達南端之倍克

倫港。聞荷屬政府。爲開發內地故。而其計劃中之鐵道網。擬以巴倫彭綫向北方延長。沿東海岸。貫通廣袤無限之沃野。與既成之投利鐵路公司綫及軍用鐵路相連絡。而達亞丁者。爲蘇門答剌全島之幹綫。蓋卽南北一貫之計劃也。

其他商辦綫路。首推投利鐵路公司。成立於一千八百八十九年。最初僅以投利市爲中心。敷設短距離之鐵道。以輸運煙葉爲目的。（資本金二百六十萬盾）後因該地方煤礦發達。乃更向泯加脫方面延長之。目下資本金一千三百萬盾。純益聞平均可得百分之十。其次爲亞丁州之輕便鐵路。延長四百三十二哩。其資本共一千七百二十六萬七千盾。島內主要都市間之道路。大半均已開拓。惟尙無由東海岸出西海岸之橫斷道路。故頗覺不便。所幸者、海上沿岸及內地河川。均得利用。藉以聊補其缺也。

內地之情形

蘇門答剌土人。較爪哇島民。多剛毅之氣。尙未成屈從柔順之惡習。故荷屬政府之對於蘇門答剌也。今尙竭力以修武備。其居住山地之巴他克種時與荷蘭人反抗。尤甚者。亞丁方面之土民。至今猶宛然有戰國風。較之臺灣生蕃之屢屢反抗我日本人者其騷動尤爲熾烈。此荷屬之陸軍。所以駐重兵於該地。而更加以選拔步兵隊之駐屯者焉。在一千九百零五年時。荷蘭政府曾宣言亞丁族已全平定。過去三十餘年間之惡戰苦鬭史已告終結。其實尚未完全平復也。其人口號稱五百餘萬。然其統計並不精確。現在中國及爪哇之勞働移民頗多。近更有印度人亦相繼而來。凡新經營之主要產業。均仰給此等移民之勞力。又蘇門答剌土民。其家庭組織。向重母系。共分四十姓。一姓一系。取同姓不婚制度。其人文既如此。故頗難與時代相推移。不獨堅守其太古之遺風。且不易歸復荷蘭。雖在海岸地方。比較的已稍開通。而中央山地間。則大象、猛獸、毒蛇、巨鰐。尚時時出沒以驚行旅。現雖云在竭力開拓中。而其內地廣漠之富源。殆尚存原始時代之舊觀者也。

主要產業與英人之活動

進觀本島主要之產業。則第一爲煤油。第二爲煙葉。第三爲煤炭。然至近年來。橡皮事業勃興。英人之投資頗巨。據一千九百十年之統計。已達四百五十萬磅。其栽植橡皮大半在東海岸投利州及亞沙亨地方。此外比國人有一千三百萬法郎。德國人有一百四十五萬馬克。香港人有四十萬弗之投資。而荷蘭人則所謂本島之支配者。故其投資獨多。聞共有一億二千五百萬（中國人亦有德資本）盾云。惟其間英人之投資。較他國人之投資尤惹世人之目。均疑為必有特別之目的。甚至謂此係與德國相對抗。英人實包藏占領荷屬各地之野心。欲令為第二之南阿者。（中國人及爪哇人以外而印度人亦令移入本島者蓋即出於英國資本家之計劃者也）前年在投利州之英人相集而組織一橡皮同行會於眉堂市。推本國政府之名譽領事為會長。且在市中最繁盛之區建築一極宏壯之同行會議所。總之在本島英人之活動。實堪注目。凡蘇門答剌之各種新企業、均富於進取之氣象。與爪哇之保守的傾向不同。苟足跡一印倍拉王港。曾遊眉堂市者。所當公認者也。

蘇門答剌煙葉

主要產業中之煤油及橡皮事業二項。後當詳論。茲僅述煙葉及煤炭之大要如下。

蘇門答剌煙葉。始於一千八百六十二年。其時爪哇煙葉大為跌價。幾陷滅亡。荷蘭乃派人視察投利地方。試種煙葉。因其地味及品質之適宜。故其成績甚佳。於是遂喚起同業者之注意。至一千八百六十七年。組織一極有力之煙業同行會議所。爾來大規模之公司。及箇人之投資者。連續輩出。今則以投利為中心。凡東海岸地方之煙葉種植公司。共約十五所以上。就中投利煙葉公司。其資本金共五千萬盾。（一八六七年創立）其種植地域共九萬二千五百七十五荷畝。每年產額八萬七千餘擔。（一九〇八年統計）此外新亞沙亨煙葉公司眉堂煙葉公司等規模皆甚大。凡有一萬荷畝以上之種植地域者共有十五公司。每公司約用一萬五千乃至二萬名之勞働者。其幹部之歐人事務員約各二百人以上。其利益約得百分之七十五。茲錄一千九百零八年之統計如左。

地名	總畝數	已種區域數	生產額
投利	一〇•〇〇五八荷畝	一•一六九三	一一•七一三一擔
拔堂及倍他猾伊	四•四七七五	三三五六	二•七九九七
浪加脫	一五•八三八九	一•二一七二	一二•五一七二
桼耳頓	七•四六九〇	六七〇〇	六•八二六四
亞沙亨	八•一一八〇	三九〇六	三•七四三七
西眉籠舡他加洛蘭度	一•一二〇〇	不詳	一九二七

計	四六•九二九三	一二•七八二七	三七•七九二八

蘇門答剌煙葉。質薄而品良。最適合於雪茄煙之外皮。用計二百葉之重量。不過一磅。然得充雪茄煙外皮之用。在五百支以上。且其種植地域。採七年一期制。其他六年。使地力十分休養。故其品質毫不減損。此蓋有鑑於爪哇之失敗經驗而然也。土地之借貸。先與土酋交涉。再請巴城總督府之許可。立七十五年契約。地租每荷畝一盾。惟欲購買煙葉。非荷蘭本國之亞姆斯脫兒盾市場不可。故蘇門答剌煙葉。其同行會議所有悉數運往該市場之規定。犯者則加以嚴重之制裁。不准擅賣於他人。故德、法、意、美之需用者。皆須經荷蘭商人之手。而始得購買。惟近年煙葉之隆盛。已漸爲橡皮事業壓倒矣。

翁皮林之煤礦

荷屬東印度諸島中之有煤礦脈者。婆羅洲、蘇門答剌及爪哇之西部而已。惟婆羅洲尚未十分開採。（參照次章）爪哇西部彭動州之煤礦。雖比他處品質較優。然因須極大之採掘費。故放棄至今。據前年之調查。通荷屬各島計採掘權特許數。已有二十六件。然以之與蘇門答剌之翁皮林煤礦出產額相較。則其他各地之出煤總額。尚不足及其三分之一。翁皮林礦係荷屬總督府官辦。礦脈之發現。雖在五十年前。而著手開採實爲一千八百八十六年。爾來年年產額增加。至一千九百零七年。增至三十萬噸以上。至一千九百十年。竟達三十八萬七千五百二十二噸。聞將來可以採掘之總量。不下一億九千萬噸云。現在開掘中之煤礦。其中有名牲開度利安之一區。在一千九百十年時。每日平均出煤一千二百六十二噸。每一工人之平均掘煤量四百十五吉羅格蘭。其礦夫分甲乙丙三種。(甲)契約勞働者。大半爲中國人及爪哇人。每人每日工價連食費旅費等約荷幣六角六分。(乙)自由勞働者每人每日約六角六分。(丙)囚徒每人每日約四角五分。據一千八百十年之統計。投資總額三百十餘萬盾。其純益爲三十七萬八千盾。其煤炭均充荷屬各鐵道輪船及海軍之用。間有賣於商民家用者。每噸平均十盾九角。其炭質黑色而多光澤。雖尚不及英國之加奇斯。然煤烟少。火焰長。燒後不過殘留百分之四乃至六之鐵滓。故最宜於輪船之用。同年荷屬各地所輸入之日本煤。每噸約十四盾。（加奇斯煤十九盾濠洲煤十四盾）若此後蘇門答剌及婆羅洲之煤礦開掘。日漸發達。時實爲我日本煤之一

日本居留民之情形

大勁敵也。

上述煤油、橡皮、煙葉、煤炭、以外。其他一般生產品。前篇已略述及。茲姑不贅。今轉觀本島在住之日本人如何。據明治四十四年末之統計表。男二百八十三人。女三百四十八人。共計六百三十一人。較爪哇島之六百零四人多二十七名。雖此數尚不得謂已網羅全部。然與二十萬之中國人相較。眞不足當九州之一毛。我國人之多數均集合於眉堂市。如澁谷商店主人常五郎氏。自販日本美術品入此地後。已三十年。此外松崎、八木、山崎、竹內、池田等之美術雜貨或藥店。槇田、藤崎、等之照相店。均在此市。又眉堂附近屏塞地方有今泉、村上兩雜貨店及今井藥鋪。太平天奇地方有後藤、竹下、兩藥店。浪加地方、有小笠原照相店。婆浪堂地方有原島雜貨店。此皆日本人中之重要正業者。相謀以設一日本人協會。購一公共墓地。且積存基本財產。以充救濟或弔慰同胞之用。此則差强人意者也。至西海岸方面。則我國人甚寥寥。唯拔堂市有豐原雜貨店與木村藥鋪等而已。噫、至今我國人尚無投大資本以與歐人等在此天富之地相競爭。豈不寒心之至耶。其大多數之在留者。非卽廉謂醜業婦者耶。彼慰歐人之無聊。而被其玩弄之醜業婦。一變而爲洋妾者。在眉堂地方非滔滔皆是耶。此雖爲未列入前記統計表之分子。然其數或云二百或云四百不等。彼等每逢一月二次之休暇日(當地習慣)則相率以出眉堂市名爲散步解悶。實則多被一種之婦女誘拐者所欺騙。以致每月所得之三四十金浪費無餘。轉輾流浪。終至落魄於此異鄉之苦島。夫亦悲慘酸鼻之甚也矣。

三、婆羅洲島

我國人發展之好適地

南洋諸島中。將來最爲有望。而且爲我國人發展上最適合之一大富源者。卽此婆羅洲島是也。

面積二十九萬方哩。大於我日本帝國之內地約二倍。卽將臺灣、朝鮮、樺太及關東州等全部加算。亦尚多三萬四千方哩。宛然有一大新大陸。屹立於洋上之概。然其人口則總括全島。尚不及一百九十萬。故全島沃野。依然地球上陸地初成立時之太古遺風。其人工已及斧鉞已加之處。尚不足總面積幾百分之一。空抱此無限之寶庫。一任風雨之荒暴。大有披胸以待著實勇敢之文明國人惠然光臨之感焉。

荷屬之都市港灣

全島大別爲二。一曰英屬。一曰荷屬。荷屬更區分爲西部與東南部二部。荷屬面積二十一萬三千七百三十七方哩。人口一百二十三萬餘。實占婆羅洲全部四分之三。在西部方面彭却拿克市駐有理事官。山拔士市駐有副理事官。在東南部方面南則彭却兒馬心市駐有理事官。東則沙馬林達市駐有副理事官其他各地尙各派有官憲以管轄之。間亦有土人之自治州。然此唯表面之名目而已。事實上則全然荷屬總督府所統治者也。其普通貿易港許內外輪船自由出入者如次。

（1）彭却拿克（2）配馬加脫（3）山拔士（4）星加王克（以上西部）（5）彭却兒馬心（6）堅比（7）沙馬林達（8）拔里巴彭（以上東南部）（9）可他拔路（東南部海上之普魯勞脫島）九港是也。其他（10）可他滑林近（11）士加馬拉太拉加（12）丹容雷度（13）丹容色拉等雖已開放。尙不得謂爲主要貿易港也。

河川之利用

荷屬婆羅洲之交通機關。極不完全。至今尙未見有一寸之鐵路。惟天惠此巨島。與以多數之河川。俾內地旅行者得藉此天然之便以往還。山高野闊大河夾流於其間。滔滔千里。長流入海。故借舟楫之便。而其流域附近。始漸開拓。因之欲視察婆羅洲者。第一須熟記其各河川之名。大者如婆里篤河。苦金河。馬哈肯川。可法士河。大大厦克河。小大厦克河。聖比河。片婆安河。可他滑林近河。巴王河等是也。就中婆里篤、苦金、及可法士、有本島三大河之稱。前記重要都市均在其兩岸。且均得航行二三千噸之巨船。又上流地方可用小輪船溯江而上。得達數百哩。

三大川流域之情形

吾人苟買舟遊婆羅洲東海岸。更溯苦金河沿江而上。放眼兩岸。但見沙馬林達市。有極宏壯之西式房屋。此即副理事官衙也。其威風有鎮壓四隣之概。旁有木造塗白粉之大厦。即哭哀透人之酋長住宅也。再溯江行約半日。則達天駕龍市。至此其河水之色。帶有一種異樣之光彩。且沿岸密樹蒼鬱。野生橡皮甚多。其水色之所以放異彩者。因有煤油之混流故也。而煤炭礦脈之沿路露出。又幾於觸目皆是。(上流有馬哈肯煤礦)彼婆羅洲之一大生產品之煤油。即由此河之一支流山甲山甲與拔里巴彭之中間所流出者也。又婆里篤河為三大河中之最要者。不獨其河口擁有婆羅洲第一都市之彭却兒馬心。(人口四萬)而溯江六百哩之間。彭篤克姆拉透巴普雞、及其支流之拿加拉、亞孟他、等之各小都市隨處散在茫茫數百哩之沃野。概為世界開闢以來未加斧鉞之處女林、處女地。其雄大之美觀爲何如哉。且其間野生橡皮、藤、樟樹、椰子等之林產。與金剛鑽、金、煤等之鑛產。及土人所種之米、蔬菜等產。無一不有。其他栽植耕耘等。實無論何物。無一不適宜者也。他若西海岸之可法士河。其河口有人口二萬以上之彭却拿克港。其沿岸有打象、三高、新丹、沙林婆等之各小都市。水源遠自英屬沙拉滑克山界。聞其流域富於金剛鑽、銅、鐵、煤礦等脈云。

煤炭及煤油業

上述三大河以外之各河川及其沿岸地。今不遑詳細盡舉。總之全島天產物豐饒。農林礦等各種產業。皆得如意開拓。任意栽培。卽其水中之無數魚貝。亦可不勞而漁。鰐魚野獸等之捕獵。亦爲一極有利之事業。今除微力之蒙昧土人。與少數之荷蘭人著手一小部產業外。其大部分完全放棄。依然原始的狀態也。必欲求一足記之事業。其惟東南海上孤島普魯勞脫煤礦業乎。此礦爲普魯勞脫煤礦公司所經營。資本金五百萬盾。一千九百零九年。出煤十四萬噸。由可他拔路港輸送於泗水及新加坡等處。又前記馬哈肯川上之馬哈肯煤礦。雖亦頗爲有望。惟東婆羅洲公司。今纔投資本金二百二十萬盾。著手開掘。爲日尙淺。故其出煤量尙不過一萬噸內外。(本島煤礦業之將來實爲日本之勁敵吾人宜注意者惟目下頗苦缺乏礦夫)他如煤油業則爲老易特煤油公司。及荷屬東印度貿易公司等所經營其礦區三十餘均在苦金河支流山甲山甲及拔里巴彭附近。已述如前。此外太拉肯島油區之成績亦佳。一千九百零八年。出油三十八萬噸均由拔里巴彭港輸出。(參照次篇)該港在婆羅洲年年吞吐貿易額爲最高。蓋以此也。

▲荷屬婆羅洲貿易一覽(單位爲千盾)

	西部 輸出	西部 輸入	東南部 輸出	東南部 輸入
	千盾	千盾	千盾	千盾
一九〇六年	七四〇三	三八六五	一•七三〇五	四三〇一
一九〇七年	七四九九	二八九二	二•〇九八七	五二九〇
一九〇八年	六二四七	三三八八	一•八三三〇	七四六五
一九〇九年	七五七二	四三三八	二•六二四〇	六八〇三
一九一〇年	八七五一	五〇六二	二•一九二八	八七六三

日本人與中國郡

我國人之在婆羅洲者。明治四十四年末之調查。共一百八十八人。（男六十三人女一百二十五人）在東南部拔里巴彭者五十餘名。沙馬林達者二十餘名。各彭却兒馬心者約二十名。太拉肯及山甲山甲者各十名內外。其他拿甲拉堂那沙拉可他拔路婆老等處。亦各有數名。在西部之彭却拿克山拔士星加王克等處者。其中多數爲醜業婦。至若商人。不過少數之雜貨業而已。其人數之少。勢力之微。不堪言狀。雖近有南洋木材公司之發起。以輸出婆羅洲東面一小島太拉肯之木材爲目的。然成否尚未能確知。若夫中國人則不然。本島各處均有相當之移民。且山拔士河附近。包括山拔士孟巴滑蘭達三郡之一片廣大地域。俗竟稱爲中國郡。有中國移民五萬。不啻一支中國民地也。該地處處有金礦。此等移民均係開採金礦而來。惟近年產金額已漸減少矣。

英屬婆羅洲

吾人敍述荷屬婆羅洲已畢。順序一記英屬婆羅洲之一班如次。

英屬婆羅洲。分爲沙拉滑克北婆羅洲勃泥三部。沙拉滑克及勃泥爲土酋之領地。若由名義上言之。尚不得稱爲英屬。又北婆羅洲。亦係一種之獨立自治州。一任北婆羅洲公司之經營。惟事實上三者均立於駐劄新加坡之海峽殖民地總督指揮之下。不過英國獨特之殖民政策。向不拘泥於名目者也。沙拉滑克面積四萬二千方哩。占總面積之過半數。此地曾爲英國怪傑勃羅克氏所征服。彼親受沙拉滑克酋長之讓位。而上拉茄之尊號。至今其孫却爾斯勃羅克氏尙爲該地酋長。北婆羅洲面積共三萬一千方哩。一千八百七十七年時。亦由英人田太氏向勃泥土酋所租得者也。故今眞實歸舊土酋領者。不過面積僅四千方哩。人口不及二萬之勃泥而已。此等英人活躍之歷史。頗多冒險的興味。茲姑不論。

北婆羅洲公司。其組織髣髴從前之東印度公司。除單純之商務事業以外。可以推薦知事。發布法令。而行政上之一切事務。亦皆委任之。英政府僅派一總領事以監督之而已。據一千九百十一年之統計。人口約七十萬。東北部有首府山達干港。西部有塞色而頓及喀達脫等港。在荷屬婆羅洲雖尙未見一綫鐵道。而英屬則早有一百三十哩之狹軌鐵道開通矣。卽

塞色耳頓—婆敷悪特間　五十七哩

婆敷惡特—威士頓間　二十餘哩
婆敷惡特—梅拉普間　四十三哩
林彭——近胖加間　六　哩

此外電報電話。無不設備。海底電綫。亦通新加坡。

財政貿易品

北婆羅洲與沙拉滑克二部之財政及主要貿易品。其統計如左。（一九一〇至一九一二年）

歲入	四一•一七七九磅
歲出	二五•二三一九七
輸入	一二三•一四一一
輸出	一四八•八九七八

歲入以阿片、酒精、燕窩、海關稅、郵政及營業稅等爲主。歲出以行政、電政及鐵道等費爲主。又當地燕窩最多。惟大半在國有林中。故以收獲五分之一上納政府。而許其採集。此蓋古來中國人第一珍貴之主品也。其主要產業。第一爲煙葉。第二爲橡皮。其他米、麥、椰子、甘、密、胡椒等。亦皆有相當之出產。他如鐵刀樹、羅索克樹、米辣波

樹、孔巴斯樹、克利金樹等。凡可供造船材料、鐵軌枕木及車輛、家屋等用之各種林產。尤爲無盡藏焉。金、銀、煤、油等各礦產亦富。其礦質礦脈槪與荷屬同。又東海岸方面日本人之採集眞珠貝、鼈甲、龜等者。其數亦與荷屬相埒。今表示北婆羅洲公司所屬地域之煙葉橡皮二項輸出額如左。

	一九〇七年	一九〇八年	一九〇九年	一九一〇年
煙葉	二四•五九一二磅	二七•七二一七磅	二九•四二二一磅	二七•〇五七一磅
橡皮	一〇八三	一四六三	五一〇四	二•九七三〇

由上表。則橡皮業進步之速。可以推知矣。

日本人之歡迎

英屬婆羅洲之勞働者。土人以外。亦以中國人爲最多。由香港及新加坡來航之船舶中。移民之數日增。各種勞役。有非待彼等之勤勉力忍耐心不可之勢。日本人之在北婆羅洲者二百四十六人。在勒泥者二十一人。計共二百六十七人。惟其過半數之一百五十六名。仍爲醜業婦也。除山達干市及其附近約住一百二十名外。他則分布於塞色耳頓及喀達脫港并鐵路沿線。曾聞有姓增田某者。由英國官憲許

何不適進乎

以考伊附近之森林採代權。彼乃竭力輸入日本之勞働者。惟因資本薄弱。終至廢業其後又有人經營同種之事業而又不成功。然當地官憲頗歡迎誠實之日本移民。甚至曾提議鐵路沿線之耕地。日本人得無稅借貸。惟以單純之勞働者與中國人土人等相競爭。則其勞銀之廉終非我國人所能忍。故必須以相當之資本。或從事於煙葉、橡皮、米、麥、之種植。或經營木材貿易等業。實大有望。且因當局之熱心獎勵。必能與吾輩以種種之便利。卽令無巨額之資本。若能選擇適當之業務與勞役。但能支持一家族或一團體。懇摯做去。由漸擴張。吾可斷其必成而無疑者也

吾人已將英荷兩屬婆羅洲之一班情形。併合敍述。而同時又說明婆羅洲全島實爲天下未開之一大寶庫矣。荷屬之煤油煤炭。將來產額必益增加。雖煤炭目下尚極幼稚。而不久將盡爲歐人所開採。現南洋方面所藉以供給之我日本煤炭。難保無被逐之一日。若我國人亦挾資以往。從事礦業。亦未始非補救之策。然頗不易計惟有著手橡皮、椰子、煙葉、等之栽培。爲最妥。此蓋我國民最適宜之事業也。他若河川海洋之漁業。森林採伐之山業。均爲吾國民所擅長。亦無不可。總之英屬歡迎吾

輩。荷屬雖不如英。亦於七十五年土地借貸制度。毫無障礙。噫彼小規模之雜貨業、潛水業及醜業婦之外。創堅實之正業。以飛躍於南洋。非當今唯一之急務歟。赤道雖橫斷婆羅洲之中部。然其氣候甚適。平均溫度不過八十度內外。而朝夕尤不過七十度稍零。寄語我日本帝國青年。何尚不躍起南進。以開此秘庫耶。彼視大厦克種之慓悍而視南洋爲鬼人國之蠻土者。實大謬也。

四、西列倍斯島

太平洲樞要之地

扼西列倍斯全島之咽喉而爲一島之勢力發源地。以雄視於荷屬東部者。非馬呷沙港乎。由爪哇之泗水航行約四十小時。卽達馬呷沙港。該港四季風光明媚。海波不揚。且氣候快適。常如我日本之春。實爲南洋諸島中最適宜於健康之地也。從來蘇門答剌、婆羅洲等處。多少尚膾炙人口。卽不深悉其內地之情狀。而其名猶常入人耳。獨至西列倍斯島。吾國人幾無道及其名者。宛若地誌上漏載此島者然也。庸詎知其面積甚廣大。其土地甚肥沃。而其位置則又東控英、德、荷三國鼎立之新基內亞。南面濠洲。西隔婆羅洲。北鄰菲律賓羣島。實爲最占樞要之地。若他日南洋各島。大爲開發。則西列倍斯島。必爲航海上之中心點無疑。蓋西列倍斯之價值。從前之所以無人談及者。因荷蘭之統治。尚未完固。政府與島民之間。紛爭抗亂。時時不絕。而荷蘭政府反視爲一種之累贅物。而放任棄置之故也。荷屬諸島土人中之最勇敢者。莫如西列倍斯島民。至今尚爲土民兵之中堅。撫綏此島土民。實爲荷蘭政府最棘手之事。

意外之軍港

方予之未遊西列倍斯也。嘗亦聞其投巨資以建築馬呷沙港之計劃矣。然余腦中以爲二百年來放棄之西列倍斯。斷不能卒然進步。土民必尚保持其反抗荷蘭之餘勢。及親歷該港。而予從來之想像。有不得不爲其打破者。不獨風光明媚。於平原堤垣之間。出現一雄壯之馬呷沙市街。爲驚吾人之目已也。試觀羣集港頭之多數土人。其忙碌奔走之狀況。洵屬非常。凝眸視之。但見其與馬呷沙埠頭對岸之一小島間。正在架設巨大之棧橋。此後市街與小島間相隔之海水。藉人爲之力以減削之。蓋荷蘭政府之一大築港事業。今正著著進行。忙怕異常時也。吾人於茲。於目擊泗水築港及丹容捕寥克築港之後。而在此西列倍斯島上陸時。又不得不爲第三

荷蘭之目的

次之同一感歎者焉。

吾人目覩此事實。知荷蘭政府之對於西列倍斯島正在積極進行。予等從前之推測。實屬謬誤。此實不得不爲荷蘭賀者也。蓋荷屬政府欲以此爲南洋重要之軍港。更兼商港之設備。使內可以開發屬內之富源。外可以維持將墜未墜之荷蘭霸權於東海。此等具體的壯圖。要亦不得謂之不偉也。惟荷蘭之經營南洋兩三年來方針漸變。已決行積極的政策。此吾人於前敍各節。不難察知者也。然果能將東印度公司以來之傳襲的方針。根本改革乎。抑有鑑於德人之發展。或由西班牙買收配利猶、加洛林、馬削兒諸島。或命名爲俾斯麥島。以喚起德人之自覺心等等。而爲其刺激乎。或因見夫英人在馬來半島與濠洲兩地間之活動。而憂荷屬將爲第二之特蘭斯哇。故決然奮起乎。又或因美國之菲律賓經營。以觸動其神經乎。抑又因疑心暗鬼。畏我日本人之圖南經營。而曉夢初覺乎。其中孰是孰非。一任讀者之判決。吾人姑不明言。惟荷蘭已漸採進取的政策。早爲不可疑之事實。所尙屬疑問者。不過荷蘭政府之方針。雖變爲近代的。而果係以增進土民之自由與幸福爲目的否耶。質言之卽因爲土人、謀、利益、而變、其、政策、歟。抑因、對外、關係、之逼、迫、而、使、然、歟。此則須冷靜之頭腦以研究者也。何則荷蘭對土人之施政尙未脫其多年之歷史觀念也。惟不問直接間接從此荷屬諸島必漸開發而通商上之價値益重。此實一可喜之現象焉耳。

馬呷沙及其他各地之日本人

吾觀馬呷沙之築港。吾胸欲躍。入市街。但見此擁有五萬人口之都會。劃作三區。曰巴洛思、馬來、軸忽哀。其而巴洛恩之歐人街尤爲雄壯。再折回埠頭又見荷蘭國旗之商船。爲數甚多。而高飄德國國旗之北德意志公司定期船。亦正在投錨中。夫荷蘭之沿岸貿易向爲荷蘭老易特輪船公司所獨占今則北德意志公司。亦以新加坡爲基點。而航船於西列倍斯、莫剌哥、蘭勃克、新基內亞各處。以雄飛於南洋焉。我邦人之在馬呷沙者共六十五人。稻垣、永井兩商店以下約二十戶。而荒木半四郞之在此。實已二十有五年。尤爲差强人意者也。馬呷沙外。重要貿易港有動加拉、美拿登、孖龍他洛、婆頓、各港。婆頓有同胞十名。孖龍他洛四名。美拿登及篤莫轟四名。惟高揚日本國旗之商船。在是等各港間。絕無隻影。能不令在此南海異域之同胞起萬里長征旅愁千百之感哉。嗚呼、德國與日本試問遙居大西洋岸之德人。與臺灣對岸相隔僅十度之日本。欲執南洋貿易之霸權。究以何者爲便乎。實令人唯痛恨長歎而已。

酋長與記者之一席談

予今對於荷蘭之政策。有不能不舉數項之聞見。以請讀者諸君之判斷焉。此無他、卽彼荷蘭人之待遇我日本人也。使人有苦難了解之點甚多者是也。蓋予雖比較的受荷蘭人之優待。尚未逢可起惡感之事件。然在西列倍斯島。實親歷一特異之事實。試述如次。一日予往馬呷沙市外。訪問其地之酋長。彼乃視作遠來珍客。大爲款待。厚遇至盡。覩其神情。實屬衷心徹底之歡迎。彼且屢言日本人與吾等。原係同祖同族。信賴之誠。溢於言表。然一言及荷蘭政府之事。則必低聲密語。愁眉百結。并請余將來訪之事。嚴守秘密勿洩。彼低聲語余曰。荷蘭人之忌吾等與貴國人相接最甚。若聞吾等與日本人相歡敍。彼必大起誤解。宛如予等密謀叛亂事件者然云云。竊思余聞此種風說者已屢。故聞此酋長之言。亦不甚驚愕。惟荷蘭政府對於日本人懷疑之深。實爲不可掩之事實。甚至我同胞與中國人相往來。亦被一種之嫌

譯者對於華僑將來之危懼

疑。噫此果何故也歟。（譯者按華僑在南洋勢力。可謂雄厚矣。無論何埠。均宛然有中國殖民地之觀。凡曾遊歷南洋者。莫不交口爲吾國慶。卽華僑亦以此自負。獨譯者不獨不爲吾國慶。反爲吾國弔。何則華僑之來南洋。遠自唐宋。至元清之初。宋明遺臣之亡命南洋者亦不少。當時西力尚未東漸。土人知識亦極幼穉。以吾先民之腦力與魄力。故所向披靡。無不成功。迨至地盤既固。臺閣自易。於是招致國內勞働者。成千累萬。相繼而至。闢山槌林。墾地鋤荒。以形成今日雄偉之勢力。然久而久之。國學銷沉。國粹喪失。而國內又被前清入臨數百年。視華僑爲逆賊亂徒。以斬絕華僑內向之心。且華僑生長海外。自幼未受世界各國之所謂國民教育。而政府既不知獎勵。又不加保護。故有國與無國。在華僑固沓無關係。簡言之。卽絕滅其國家觀念而已。故華僑之在南洋。大半變爲單純的生活作用。或託先民餘蔭。以享高車駟馬之榮。或手胼足胝。以爲生活的奴隸。而此外固毫無餘念者也。嗣後西力東漸。西人見華僑勢力之雄厚。未嘗不惡且妬之。猶幸華僑無國家觀念。無政治氣味。且南洋漫山遍野之富力。非仰待僑工。無由開拓。故不妨稍留殘羹。以惠之。蓋華僑之能在南洋購田園長子孫。芸芸衆衆。如此繁盛者。實職是故。不然者何以多數華僑並不在西人眼中。而一二日本人。警戒如是之嚴哉。今當二十世紀世界國際潮流澎湃緊迫之秋。吾國不强必亡。亡則此二百萬無國可歸之華僑。將始終與馬來人印度人同一運命。而徒留各國殖民史上之一話柄。僑胞將來之苦痛。正難豫測。苟其强也。吾知將來外交上最糾轕最棘手之事。莫如華僑。蓋僑界現狀不改良。則有失國體。改良之則橫遭猜忌。此實意中事也。故譯者觀於華僑人數之多。勢力之厚。不獨不爲中國慶。反爲中國弔也。質之目下之所謂政治家外交家、以及僑中先覺之士以爲然否。)

美拿登人與大和民族之關係

西列倍斯島民之勇敢。已述如前。就中同島東北部美拿登地方土民。其驍名尤令蘇門答剌之亞丁族亦慴服云。加之彼等學業優秀。實爲馬來土人中放一異彩。荷教育之。則其成績決不亞於歐人。因之荷屬政府雖募彼等以充兵役。而惟限於美拿登人。嚴禁受中等教育。蓋美拿登人。嘗自稱爲日本人之後裔。令子子孫孫相傳不忘。尤奇者。其言語頗有與日本人之慣用語相類似者。例如美拿登者。卽港字之轉音。（日本呼港曰米拿篤）又女孩之名。嘗有呼為御竹御梅等類。頗屬不少。而其容貌體格亦與其他之馬來人相異。故美拿登人所自信之處。或亦不盡屬荒誕附會之詞歟。

常年閉門之博物館

夫美拿登接近菲律賓羣島。渡過右方泗羅海。卽為中國海。故我國漁民或有漂流而入此地者乎。抑因德川時代遭西敎禁止之難。或其他種種事故而託身於一葉之孤舟以竄入此地者乎。吾人雖未檢查史實。然近來美拿登港附近竟發見有日本人墳墓。則亦未始無考古者研究之價值也。然卽使彼等果係日本人之血所遺傳。而荷蘭與日本。究有何關碍。萬無因此而可招猜忌之理。然荷蘭政府之警戒竟如是之嚴。豈尚別有理在哉。

吾人既敍述美拿登之奇聞。更記起馬呷沙之一珍話焉。該地有一常年不開之博物館。每一西列倍斯島民之武器或古物。均投入該館。自成立迄今未開一次。土人咸視為不可思議之大魔宮。然試問何故而特設此等不可思議之博物館乎。吾人於此。姑不明言。惟有待頭腦明晰之讀者諸君自為判斷而已。（譯者按觸景生情見物思古人之常

也雖曰土人難保無物是人非之感荷蘭人殆亦有會斯旨乎）

主要物產

馬呷沙者荷屬東印度副總督然之官吏所駐在之地也。統轄指揮西列倍斯全島。及其附近之莫剌哥基莫兒亞羅等各處。駐有陸軍部隊而海軍亦時時入港。蓋西列倍斯島民雖曰善良。而因其習性剛毅。故特爲此嚴密之監督也。若夫生產物則咖啡、棉花、橡皮、香料、獸皮、眞珠、藤、高瀨貝、玉蜀黍、木材、（黑檀及白檀等）以及其他各種南洋特產品。皆無不產出。咖啡在一千九百零十年輸出一萬七千七百擔。一千九百十一年輸出三萬六千九百擔。聞其名產地。卽在馬呷沙附近之拉茄卡地方。橡皮之由馬呷沙港輸出者。在一千九百十年爲四萬八千五百擔。其翌年爲四萬六千七百擔。此外若藤則於一千九百十年份輸出十六萬擔。其翌年增至二十萬三千擔。香料則於一千九百十年份輸出四十萬八千擔。其翌年爲二十五萬九千擔。獸皮則以水牛、山羊、及鹿皮爲主。惟僅牛皮一項之輸出已達一萬三千七百擔。其尤宜特記者。卽眞珠貝及高瀨貝是也。眞珠貝在五年前。曾每年輸出七千擔者。至一千九百十年。減至二千七百三十五擔。然其翌年卽又增至三千一百九十擔。今尙漸呈回復之兆。至高瀨貝則一千九百十年份輸出一萬二千擔者。其翌年卽增至一萬五千擔。蓋此貝可代眞珠貝。而各國之需用。正日益繁盛也。他若礦產。當首推美拿登之金鑛。與中部之含金銅塊。一千九百零九年產金四十四萬六千八百格蘭。產銀三十三萬一千四百格蘭。其中央部之銅產。雖由舊河底堆積而產出。然尙未盛行開採也。

最後有一言。不能不爲當局告者。卽我南洋輪船公司之航路。若欲如世人之豫期。舉極優良之好成績。萬不可單在巴域港泗水港經營積載貨物已也。必也馬呷沙美拿登各港間。亦一一寄舶。以便我國人之通商貿易。實爲一大急務也。

各島星羅棊布之情形

五、其他各島嶼

由馬來半島而南至達濠洲之間。卽所謂太洋洲中。但見大小無數之羣島。點點散在。宛如天界之星。映蕩水中者。然其最大者爲婆羅洲。次爲蘇門答剌、西列倍斯及爪哇。至新基內亞之面積。雖亦廣濶。然爲英德荷三國所分割。變成畸形的狀態。菲律賓又稍偏東北。亦由百數十之島嶼所構成者也。今若欲將南洋幾百之小島一一詳舉則卽其名稱一項。已屬不易記憶。茲僅就荷屬諸島而論。上記以外。尙有彭加皮利冬之錫亞羅之眞球等等實難枚舉。其他如利育羣島。則於第一篇中。（請參觀柔佛項下）已略述及。基莫兒羣島。其名亦早傳於西人之間。又莫剌哥彭達諸島。皆從蒲萄牙而移入荷蘭之手者。故在歐洲各國之東洋海上權爭奪史上。不乏其記錄。茲撮述其大綱如次。

彭加等各島之錫鑛業

彭加在中國史上。其女子以貞節無比著聞。卽所謂麻逸凍者是也。由新加坡南行。第一次入吾人眼簾者爲利育島。次爲林加及新吉坡島。由此更南駛數小時。則現出於舷頭者。卽彭加島也。西與蘇門答剌相呼應。由彭加望蘇門答剌。宛如一大大陸。橫於其前。彭加之背。卽皮利冬島。二者合計面積六千餘方哩。人口十五萬餘。然荷屬政府在此大如貓頭之地。實年年收得二千數百萬盾之利益者也。惟產出此可驚可駭之大富源者。乃不在馬來人。而在勤勉刻苦寶球無比之中國人焉。

蓋彭加皮利冬及新吉坡三島。其地味與馬來半島同。故錫之產額甚多。而尤以彭加島之礦脈爲最大。雖蘇門答剌東部與爪哇西部。亦未始無錫鑛脈。然均未開採者。蓋產出額不多故也。關於錫鑛一業。吾人於次篇「南洋之五大產業」項下。當詳細敍述。茲僅簡單略述荷屬特殊之狀態而已。彭加島之錫鑛業。自一千九百零九年以來。統歸官辦。其收益在一千九百十一年份之豫算。爲二千二百萬盾。其翌年爲二千四百餘萬盾。惟其採掘與精煉。全用中國人。數約二萬。大半均係契約勞働者。至皮利冬與新吉坡兩島。則皆爲商辦。今皮利冬錫鑛有限公司。其資本金爲五百萬盾。內股本四百萬盾已收齊。新吉坡錫鑛有限公司。其資本金爲一百五十萬盾。均受特許而從事於採掘精煉者也。

錫鑛業之利益

夫彭加皮利冬之發見錫鑛也。遠在一千七百四十七年蔭福總督時代。山東印度公司著手採掘。至一千八百三十八年。其彭加一部。始歸入荷蘭東印度總督直轄之下。自一千八百六十五年至一千八百九十五年三十年間。每年收益約五六百萬盾以上。至一千八百九十八年。一躍而增至一千七百萬盾。其翌年更得一千九百萬盾。爾後益益增加。其利甚巨。自初辦迄今。其得益於彭加一島者。實達五億以上。他若皮利冬公司。則成立於一千八百六十年。以所出八分之五之錫。上納於荷

譯者爲僑工呼籲

屬政府爲條件而得特許以經營之者也。然在一千八百九十年前後。猶每年得純益百分之四十三乃至五十四分七。雖其後兩三年間稍稍下落。至一千八百九十八年。又後得巨利。而其翌年及一千九百零五年兩年。各股東又得百分之四十六之純益矣。其礦夫分二種。中國契約勞働者一萬二千名。及自由勞働者二千六百名云。（譯者按契約勞働者。即我國之所謂猪仔是也。大半均係閩粵人。蓋南洋有專以販賣猪仔爲業者。密布爪牙於內地。甘言誘惑。無所不至。一墜其術。載運來南抵埠後驅入新客館。（一種下等旅館。俗呼猪仔館）鞭撻横加。聲聞巷閭。復由客館轉輾賣於各埠。賣成之後。由買主帶赴華民政務司。（在新加坡立約簽字。該政務司係英官。故問答均用英語。猪仔來此。不通英語。由客館代爲問答。統以自願作工對。而猪仔又不識字。不知約上所寫何物。不能辨其利害。故問答既畢。遂令其執筆畫一（十）字以代簽押。立約既定。即永沉奴海。萬刼不復。由工頭帶至作工之地。凌虐鞭笞。慘無人道。而礦山林地。又皆人跡稀疎。雖籲地呼天。亦無聞見。苟稍不愼。觸怒工頭。則竟有因此致命者。彼等終日汗流浹背。所換得之銅元四枚。（約上規定）又因疾病醫藥等費爲工頭尅扣殆盡。嗚呼慘矣。內則政府無聞。外則呼援不應。坐視此愚蠢無知之數十萬同胞永陷於十八層地獄之底。而其終身境遇。直較之爪哇土人受荷蘭人之强制勞働法强制耕作法者爲尤酷。彼日以利國福民號召天下者其亦於此加之意乎）新吉坡公司。成立於一千八百九十五年。當初係與該島主權者利育支丹立約開辦。後該支丹被荷蘭放逐。故又移於荷屬政府之下。而繼續事業。較之彭加、皮利冬二處。其礦脈與礦質均爲不及。且彭加純係官辦。而皮利冬又爲半官辦。惟此新吉坡公司爲土人與舊王族合辦者。故其利益甚少。每年不過百分之七八而已。（更參觀次篇）

亞羅島與日本人

出產眞珠最著名之亞羅島。係荷屬東部之小嶼而已。東控新基內亞。南接木曜島及濠洲。終日爲彭達海與基莫兒海之波濤所振蕩。其大如粟粒、如芥子。苟無眞珠等之出產。雖以顯微鏡的眼光。日日在地圖上涉獵世界各隅之地理學者。恐亦不免漏脫。然荷屬各地之貿易表中。有四百二十萬盾輸出額之貝類。均產出於一小島。及馬呷沙之沿岸者也。尙誰致蔑視此一大富源哉。且尤爲吾人所感覺興味最深者。卽我國人之在亞羅島毒忽港者。現共三四百人。(多屬和歌山縣人)咸熱心從事於眞珠之採集業。據我國第三十一統計年鑑。在該島之日本人數。男女合計二百三十九人。然實際尙不止此數。近年無論如何。必在三百人以上者也。

現今全世界眞珠之出產地。以濠洲西部、菲律賓、錫蘭、眉格伊、及亞羅等爲主。此各地中除錫蘭外。其他概有日本人從事斯業於其間。就中濠洲一處。爲我國人所最深悉。眉格伊之日本人團體。其勢力亦不可輕侮。菲律賓則尙未大發展。今亞羅一孤島。亦居然有同胞三百。恐讀本書者第一次所得之好消息也。(眉格伊係緬甸領地。在馬來半島西方。星羅碁布之一羣島也。由檳榔嶼乘輪船去約二日路程。)

有興味之眞珠業

眞珠視其重量與大小之比例。而爲世界唯一高價之珍品。普通有銀光(第一等)金光(第二等)之別。銀光又名白光。將珠投入玻璨器中。由外面望之而不見者爲上品。近在眉格伊之石井某氏。得一重二十格蘭大如豌豆之銀光珠。售得一千四百圓。又米井某氏。同在眉格伊。獲一六十格蘭之銀光珠。售得八千六百圓。此二者最爲眞珠採集家之間所嘖嘖稱道者也。唯此業之性質。其利益全然不能豫計。眞珠生在貝之何處。亦不易知。大概以在肉唇部者爲良種。附著於肉柱及腸肉者爲下種。據經驗家之言。有從二百六十圓之眞珠貝中。獲得五千六百餘圓之眞珠者。亦有從四千六百圓之貝中。僅採得六百圓未滿之眞珠者云。

採珠費之概算

眞珠採集方法。雖依海水及海底之橫樣而少有差異。惟大體各地皆同。每採集船一隻。用潛水者一名或二名。掌持繩索者一名。開貝者一名。此爲主要人員。其他則用普通水夫數名可也。惟除眞珠價額之外。僅僅貝之價格。每艘採收額平均約可得八百圓乃至一千圓之利益。至其每艘之支出。則可分爲二種。卽一爲固定資本之業務上費用。一爲許可稅、食料、船賃等之流通費用是也。茲據當業者之言。述其固定資本及流通資本如次

A　送風喞筒	約五百三十圓
B　送風橡皮管	約三百三十圓
C　潛水衣	約一百六十圓
D　胄　甲	約二百圓

E 裏　衣　　約二十五圓

F 靴　　約十五圓

G 採收船附屬機及採貝機械類　　約一百二十五圓

計　　約一千四百零五圓

外流通資本　　約一千圓

雖或往濠洲。或赴菲律賓。或往眉格伊。或至亞羅。其旅費及船賃等各有不同。卽其採集許可稅、採集區域借貸稅、以及潛水器等入口稅亦各差異。故不能爲精細之豫算。然大略計算每採集船一隻之資本。（合固定流通）約作爲三千五百圓。當無大差也。惟投此資本。而其一定確實之收入。不過前記貝殼所值之八百圓乃至一千圓。故眞珠採集業之損益。全爲眞珠之多寡所支配。實一冒險的事業。但絕對的採集一次而不得一眞珠。則又爲絕無之事實。雖略得數粒。而因其價格之貴。故此事業尚無極大損失之憂。若樂觀的視之。或反爲收益最大、天下稀有之冒險事業也。此我國人所以遠涉荷屬一孤島。而睹其運命。或往眉格伊、濠洲之海底以漁利而不辭焉。

雖然、所謂眞珠採集業帶冒險的性質者。予以爲不在收益之不能確定。而實在業務之危險也。蓋普通潛水業者均須至二十五尋前後之水底以從事勞役。故苟非身體健全精神剛毅者不能勝任。試投皮酒瓶沉入海中。至達二十尋之深則必破裂。此因水之壓力過重。皮酒瓶不能抵抗故也。故眞珠採集業者。其主務在海底勞働。受海水之壓迫。以害其身體。使血液之循環不良。終至身體漸弱。實又不得已之事實也。彼等最多患巴拉利斯(麻痺症)其次爲僂痲致斯。(關節症)又往往有兩病併發者。因之歐美人最畏潛水。現在濠洲雖發一公布。謂白人之能從事斯業者。給與五千圓之遺族補助金。然應募者仍甚稀。幾有百方獎勵而無效之勢。近年白人在濠洲大唱排斥日本人。獨在本曜島及其他各地之我日本潛水業者則毫不受其影響。職是故也。我國人以外。中國人及馬來人之從事斯業者亦頗不少。

冒險的事業歟

敍述至此。吾人不得不想起在毒忽港奮鬬之數百同胞。而抱無量之感慨也。彼等豈非亦一日本帝國之快男子耶。其精神之剛健。氣魄之勇敢。以之與踊躋母國之

我國民其奮進

一小天地而墨守祖業者相比。果孰爲具有帝國國民之眞骨頭者歟。他人方醉夢於冬酒春花之裏。獨彼等雖日接滿山紅葉之家報。而一心不動勞作於海底。噫、彼等同胞之中。或遺妻子於故鄉。或留老母於祖國。而半夜更闌之枕際。當亦常映見其父母弟妹之影者乎。而彼等竟能犧牲其健康。以從事於冒險的事業。夫豈能旦夕以忘祖國也哉、嗚呼、飽食暖衣之徒歟。懦弱無骨內地蟄居之遊民歟。何不一念及此萬里之外。無底無邊之深海。實現我日本之膨脹的國是之亞羅同胞以蘗地奮起也。

第六　南洋之五大產業

近代的殖民政策

近世之殖民政策咸避土地侵略主義。而以收得實利實益爲目的。惟欲得實利實益。故以獎勵實業爲第一義。凡百制度行政及交通機關之設備等等。悉視此旨以爲準。則間有舊式之政治家。堅執與往時侵略主義相類似之政策者。則其結果均陷於不生產的經費日益龐大。且使其地土民易起反抗之心。以致人心洶洶。不能安居樂業。終至田野荒蕪。收益減少。而一無所得而已。

南洋活動之要訣

如荷蘭政府者。近亦有鑑於此。故漸投巨資以注力於各島之開發。雖土地國有主義。仍未拋棄。而對於殷厚之實業家。得准其長期借貸土地。蓋漸漸欲與馬來半島•菲律賓及濠洲等各處一試拓殖競爭之手段也。從可知今日之世界。一經濟競爭之時代。卽有時武力權力之競爭。亦不過爲經濟戰爭之要具。故邦人之欲躍進於南洋者。須以此等根本觀念爲基礎。彼白面書生之空裝豪傑者。既無些微之價值。而僅以單純之勞働力。欲遂圖南之志者。亦大謬也。今吾人之所以特立本篇者。豈僅因其生產額之巨故耶。夫亦欲爲我同胞將來往南洋開富源經營適當之事業。

及貿易等等所謂經濟戰爭上有所裨補焉耳。且以下敍述之五大產業以外。其他適合於我國人之事業甚多。吾人已於本書全編之中隨處敍述之。總之經營南洋之道。惟在堅實之生產的活動。此不可忘者也。

天授之產業

一、橡皮之事業

二十世紀以來。爲世界市場之一大新生產事業者。橡皮之供給與需用是也。蓋從來橡皮靴、機器帶、防水布、喞筒、庭球、棒球、以及水管用橡皮管電氣隔電用之橡皮屑等各種橡皮以外。至近時汽車橡皮車之需用大增。甚至如橋梁道路等大規模之工事。亦有使用橡皮之勢。供此需用無限之橡皮。其出產地現以巴西爲首位。馬來半島、荷屬東印度、及錫蘭等次之。然兩三年後。形勢必變。當以馬來半島爲第一生產地。若更逾幾十年。荷屬各島開拓盡淨後。則其最大供給地。其勢必有再變之一日。蓋橡皮之栽培。須有一定之風土氣候及雨量。不能濫行移植於他處。故惟南洋爲最宜。將來稱南洋爲橡皮州之日。恐亦不遠矣。且此項事業。一則興趣極深。二則最適合於我國人之經營。三則資本亦不過大。故對於我日本國民。處此不能不向海外發展新生命之日。實一天授之好事業也。

橡皮之種類及輸入日本之橡皮

橡皮之種類甚多。普通世人所稱之橡皮。均指巴拉橡皮言。其他尚有喀達拔却。因特伊亞及婆羅洲拉拔等各種。其所謂巴拉橡皮者。本非南洋固有之植物。乃自南美之巴西移植於此。現馬來半島及附近各地所栽培者。皆屬此種。至其他各種。則皆係南洋天然固有之產物。在婆羅洲及蘇門答剌等處。最為繁茂。苟設法採伐之。亦未始非一大事業。惟因交通不便。採伐之後。輸送為難。故反不如闢地新植之為得也。茲就其輸入於我國之橡皮。列其金額與貿易額。其種類如左。

▲輸入日本之橡皮（其種類與貿易額）

種類	明治四十一年 容量	明治四十一年 價格	明治四十二年 容量	明治四十二年 價格	明治四十三年 容量	明治四十三年 價格
喀達拔却	三八擔	一五六七弗	六四擔	三四八四弗	七五擔	三〇六四弗
同上劣等品	—	—	—	—	九四六	一•二〇七二
因特伊亞	一二六	一•八二〇〇	一八七	二•三七〇〇	九八八	二三•四三〇〇
巴拉橡皮	八四	一•九六〇〇	三七二	一•三三〇〇	三八〇	一四•五〇〇〇

婆羅洲拉拔　一　五一三•五〇〇〇　一　五三•七五〇〇　一　九九•一四〇〇。

（備考）上表係依據英屬海峽殖民地之報告。其與我國之統計表少有差異。

觀上表可知橡皮之需用。年年增加。而其種類甚多。除巴拉橡皮以外。其他皆產於南洋地方。（大半出荷屬）經新加坡而輸入我國者也就中婆羅洲拉拔之輸入於我國者爲最多殆其品質與價格均適用於我國歟。試觀聚集於新加坡之婆羅洲拉拔種其輸入各國額如左。

國名	四十一年	四十二年	四十三年
日本	五三•五〇〇〇弗	五三•七五六〇弗	九九•一四〇〇弗
德國	九•三〇〇〇	一五•三二〇四	二七•七〇〇〇
法國	二六•二一八五	三六•七六九八	三一•五〇〇〇
英國	一一•二〇〇〇	二三•一七五一	五二•〇〇〇〇

據統計。南洋野生橡皮主產地之荷屬諸島在一千九百零九年時。其輸入於各國之橡皮總額。爲二萬一千一百二十二噸。價値二千四百二十七萬盾。然則前表所

記之婆羅洲拉拔種。尚不過其總額十分之一也。又荷屬諸島中野生橡皮之著手採取者爲婆羅洲東蘇門答剌及西列倍斯等處。而英屬婆羅洲之沙拉滑克。亦稍有產出。蓋荷屬之種植巴拉橡皮爲日未久。尚未達採收之期。故年年所輸出者。盡屬喀達拔却婆羅洲拉拔因特伊亞等天然各產。惟近來歐洲各國資本家競開巴拉橡皮園於各地。故將來必與馬來半島相並駕而無疑者也。

馬來半島之土地制度

吾人將於本章詳述巴拉橡皮。而先欲告讀者以英荷兩屬之土地制度焉。英屬之海峽殖民地馬來聯邦及柔佛王國與其他北四州之保護領。其間不無異同。然大體則一也。凡欲經營橡皮事業者。將其地域面積人種原籍住址姓名等詳記。向地方官廳提出領地願書。官廳受此書後。早則一星期。遲則三四月以內。給志願者以許可証書及給地契券。而志願者受此書後。卽須交納規定之土地測量費。若逾期不納。則一切證券。仍須取消。至其土地測量費之多寡。與土地面積之大小成反比例。卽面積愈大。其費遞減也。雖柔佛與聯邦等各處略有不同。大率一百英畝爲一百三十五弗。一千英畝爲八百二十弗。平均作一英畝一弗觀可也。至若地租則有一等二等三等之別。最上者一英畝三弗。普通地二弗。在柔佛則第一年至第五年一英畝納地租五角。其後爲二弗五角。聯邦諸州則最初六年間一英畝一弗。第七年起則一等地四弗。其他爲三弗。

荷屬之土地借用制度

荷屬土地。絕對不許人民領作私有。已如前述。故惟有照章借用七十五年外無他法。惟其借地條件第一須先有永住許可証。所謂永住許可証者。又以居荷屬一年以上照納國稅者爲限。其土地測量費各處不同。若婆羅洲之東南部。每荷畝約一盾。土地借貸金則最初五年免費。第六年起每荷畝之價與當初測量費同額。而利育羣島附近則尤較此稍高也。借期滿後。尚得繼續延長。不獨橡皮栽植地爲然。其他除有特別規定者外。舉凡一切農林業。無不可續借者也。

巴拉橡皮栽培之沿革

以下請述巴拉橡皮之狀況。

巴拉橡皮。初自南美巴西國之巴拉港輸出。漸次傳播於各國。故有是名。其在巴西。原爲一種之野生樹。產於阿馬孫河流域。去今三十六七年前。英人維克亨氏漫遊巴西。採巴拉橡皮之產地。頗有所得。及歸國。力唱橡皮樹可以移植於英屬適當地方之說。當時咸斥其妄。無一人同意者。然獨爲英國皇家花園園長傅加氏所傾聽。乃得其援助。再赴巴西。犯其國禁。在山中收拾巴拉橡皮種子。由巴拉港密輸而出。齎歸英國。於是分配其種子。試植於皇家花園•印度•錫蘭•及馬來等地方。維克亨氏復親至錫蘭島。選丕納拉各脫之地。開橡皮林。此橡皮林因種植太密。阻礙其生長。不能如巴西樹之大。惟另有數株。爲試驗計。種植距離稍疎者。其周圍竟有達一百二十四吋半者。一千九百零九年及一千九百十年兩年之間。除星期或雨天之外。每日採液。平均可得一百六十磅之橡皮云。維氏今雖年老。然意氣益壯。研究不怠。到處尊之爲橡皮界泰斗。其各樹距離三十三呎之說。雖未採用。所謂理想的距離。然漸漸有將近三十三呎之趨勢焉。氏之言曰。初余種橡皮。距離爲十五呎。待其十分長育後。每年每樹不能得橡皮八磅以上。今以三十三呎距離種植之。竟得二十六磅。故余爾來執三十三呎距離之方針云云。但現今馬來半島之橡皮林。普通皆二十呎之距離而已。

日本之先趨者

十餘年前。馬來半島盛行種植咖啡。當時我國人有笠田直吉•中川吉三等。經營咖

馬來半島橡皮林之面積

啡園於馬來半島之塞倫彭地方。其後會巴西咖啡勃興。馬來半島之咖啡園悉被其壓迫而遂陷於荒廢之悲運。正無可如何之際。適英人來種橡皮。且聯邦政府。熱中於各地之拓殖。往往有貸與資本使經營者。故笠田等亦幸浴其惠。乃棄咖啡園而開橡皮林。然因資力薄弱之故。其事業之困難。不可以言語形容。然忽逢一千九百十年之橡皮價値暴騰。其所有一百六十英畝之橡皮園。竟以三十二萬弗之高價售出。笠田•中川之外。在吉隆坡有永野多廲喜氏之一派。在新加坡有二木多賀次郎氏之一派。皆乘此好機會而賣却橡皮林。卽所謂南洋之告成功者。

此等突然發達之巴拉橡皮•栽植事業。現今其已下種之面積幾何。經營之狀態如何等等。欲精密無漏以探悉之。頗非易事。據聯邦政府農事局之報告。一千九百零六年末爲九萬九千二百三十英畝。一千九百零七年末爲十七萬九千二百二十七英畝。一千九百零八年末爲二十四萬一千一百三十八英畝。一千九百零九年末爲二十九萬二千零三十五英畝。一千九百十年末爲三十六萬二千八百五十三英畝。皆爲已下種子之面積。然亦有謂一千九百十年末已種之橡皮爲二十四萬六千英畝者。據前年二月。新加坡英文海峽時報之調查。聯邦諸州之橡皮林栽植許可地爲七十萬英畝。已種者四十萬英畝。則與農事局之報告略相一致矣。惟一千九百十一年時。聯邦諸州之栽植面積。因勞働者之限制。與其他各種情形上之關係推之。則其進步或不如前年。然大體上之計算。該年末之栽植面積。已增至四十五萬英畝也。至若柔佛王國之栽植面積。據其政府之報告。在一千九百十年之末。請願領地者有二十五萬英畝。已許可者十八萬四千三百九十九英畝。其間已種植者四萬七千五百八十二英畝云。但該政府官廳辦事遲延。故尚未得確實許可。而已經著手開拓者亦有之。且其調查未必精確。故實際已種植之面積。當在報告數以上。若再加以馬剌呷及特因特等處。凡屬於海峽殖民地之橡皮林。則至少亦有十萬英畝。故統英屬之已種橡皮林。大約作六十萬英畝。觀可也。

以上橡皮林之投資額

若夫以上橡皮林之投資額如何。則因其面積未詳。資本更難明瞭。惟投資最多之英國。其所設立之各公司。（股本單位爲磅）與在馬來半島之各公司。（股本單位有以磅計者有以弗計者）并一二重要之箇人經營者所投之資。概算之。在一千九百十一年時。英國及馬來地方之合股投資額爲二千二百七十二萬八千磅及一千八百四十五萬七千弗。加以箇人經營者之六百五十萬弗。改算統計約二億一千九百八十八萬八千四百二十六弗。

前述已種橡皮林約六十萬英畝。而投資額達二億一千萬弗以上。其資本之過大。未免與此事業有不相符合之疑。不知此實由橡皮暴騰時代一時因狂熱而競起之各公司。往往出意外之高價以買收他人已種之橡皮林而經營之故也。其中弊害不可勝數。蓋雖同爲橡皮種植事業。而實有投機的與投資的之區別。不可混同觀察也。夫植林事業之性質。原爲漸進的。乃投機者流。混入其間。一旦價格低落。則事與志違。不得已遂放棄其園林。以致復生荆棘。凡若此者。比比皆是。又未達年齡之幼樹。因貪利益之高。採液過早者亦有之。故一千九百十一年得暴騰暴落之兩經驗時。英人之橡皮公司。一時亦頗恐慌。然穩健著實之經營者。固毫不受其影響。蓋雖暴落之時。其利益尚在二倍以上也。

荷屬之橡皮栽培業

荷屬各地。除固有之野生橡皮外。其新興之巴拉橡皮。據前年倫敦第二次萬國博覽會荷蘭委員之報告。通荷屬諸島之橡皮公司數爲二百十六。土地借用之已許可者約二百萬英畝。其中十分之一已經種植。此外小規模之橡皮園及屬於官辦者約二萬六千五百英畝。合計已種植者當有二十五萬英畝。其中各國人之投資額荷蘭人約六千六百萬盾。法國及比利時三千萬盾。英國一千五百萬盾。德國一百六十五萬盾。（德國人之資本有含入荷蘭人之投資額者頗多）美國約一百萬盾。總計一億二千萬盾。但各股本之已收集者不過六成內外也。其已經種植之地及放資之目的地。以爪哇爲第一。蘇門答剌次之。若婆羅洲及其他諸島。巴拉橡皮之著手者尚少。此蓋留以待作各國人之活躍舞臺者也。

日本人之栽培地域及投資

轉觀日本人之經營狀況。均以馬來半島爲限。若荷屬則僅在彭却兒馬心得一人而已。不足言也。其在馬來聯邦方面。以吉隆坡及塞倫彭兩市爲中心。在柔佛王國方面者。則以新加坡爲策源地。其餘聯邦北部亦有栽培者數人。當明治四十四年以前。領地請願與下種。曾雙方併進。去年以來。專從事於下種栽植焉。

我國人之橡皮栽植地　大別爲三。即貫通霹靂・雪蘭莪・芙蓉・柔佛之鐵路沿綫。

柔佛河兩岸及柔佛西部是也。在霹靂州有八百零五英畝。雪蘭莪州有一千二百六十八英畝。芙蓉州有三千三百四十五英畝。柔佛沿鐵路綫有一千英畝。柔佛河兩岸有四萬六千九百英畝。柔佛西部有三萬零八百七十英畝。再加新加坡之三百二十五英畝。合計八萬四千六百六十五英畝。（譯者按井上君遊歷南洋在一千九百十一年。今則不止此數矣。僅新加坡之日新公司已有一千餘英畝。較之本文所謂三百二十五英畝相去已遠甚其他各處當亦增加不少矣。故將來南洋發展代華僑而起者必爲日本人。吾爲日本賀。吾更爲華僑懼焉。）其已經種植者。在一千九百十年九月。霹靂有四百八十英畝。柔佛鐵路沿綫有三百英畝。柔佛河兩岸有一萬零一百四十英畝。柔佛西部有三千七百二十英畝。新加坡有一百二十五英畝。總計一萬七千二百三十六英畝。其間已在採液者。在柔佛河奔加耶地方之三五公司有三百五十英畝。在芙蓉州克拉霹拉之立松安五郎有五英畝。在雪蘭莪州彭亨路之松田三次郎有十三英畝。合計三百六十八英畝而已。

我國人投資額之計算　一千九百十一年九月以來。開拓種植橡皮者有南亞公司。三五公司。三井。藤田等。彼等至今所種幾何。雖不能明悉。然以從來種例推之。其新栽培地當不出五千英畝以上。故日本人現在之橡皮園加以前記之面積。總計約二萬二千二百三十六英畝。三五公司之奔加耶。係在明治三十九年以二十萬弗所買收。松田之彭亨路。亦在三年前以一萬餘弗所買收。其他則皆係自已借地種植者。計其測量費。報酬費。地租及種植費等。卽可以知其投資之大略也。通馬來半島沿鐵道綫者。稱爲一等地。報酬費每英畝叁弗。距鐵道三哩以外者。報酬費爲二弗。而我國人橡皮林之在鐵道沿綫者甚少。故皆可作爲二等地計算。卽其八萬四千六百六十五英畝之報酬費。爲十六萬九千三百三十弗。測量費則視土地之大小及標石之多少而異。大概以一英畝一弗計。當無過與不及。卽日本人之總橡皮園測量費爲八萬四千六百六十五弗。至若地租。則自明治四十二年九月日本人借用土地許可以來。依前揭之規定而計算之。可也。

次之爲種植費分伐木燒棄掃除種植等四項柔佛地方之伐木費一英畝約六七弗而半島密林之處其伐木費須在十二弗內外故平均一英畝作十弗可也他若燒棄費一弗掃除費六弗種植費與苗種費六弗以上四項總計每英畝須金二十三弗故已種地域二萬二千三百三十六英畝（三五公司之買收林亦在其中）總計爲五十一萬一千四百二十三弗若加以前記之地租測量費報酬費及兩買收林之代價合計約一百十四萬四千七百四十弗是蓋日本人栽培橡皮者所投下於馬來半島資本中之緊要部分也

除草費　栽培橡皮之法各人各異不可以一律論有伐木燒棄之後投莫大之掃除費以廓清地域者有種植後不事鋤草一時忽投數十金於每英畝而鋤草者（作業之巧拙視固定資本之多寡爲最大原因）然概括言之普通種植後之鋤草費以每月一回循環的鋤草爲妥所謂完全鋤草法每英畝每次鋤草費爲一弗五角此馬來聯邦有經驗家之言也日本人之橡皮林種後經過幾月鋤草因各林各異不能概說惟一般最長期者約種後經過一年半乃開始行完全

鋤草法。依此計算。則自下種至昨年九月。已鋤草十八次。計每英畝已費二十七弗。已種地全部之鋤草費。當爲六十萬二千三百七十二弗也。照此方法繼續以至第五年初採液之期。雖因橡皮樹之長大。鋤草費漸可減少。亦僅可與前年來之鋤草費利子相抵。故前後三十次之鋤草總費。當爲一百萬一千六百二十弗。即測量。領地。種植諸費與既往及將來之鋤草費合計爲二百七十四萬八千七百三十弗是也。然至明後年時。吾日本人之已種橡皮林二萬二千二百三十六英畝。可以達採液之期矣。

故測量領地諸費。及開拓種植諸費。與以後之維持費。合計每英畝橡皮林約需一百餘弗。此外尚有雜費。作業監督費。及宿舍建築等費。亦須加入。據日本人中斯業之先輩者笠田氏言。曾在芙蓉地方經營一百英畝之橡皮林。至達採液收益之期。共計費金一萬六千弗云。可謂頗中肯綮之言矣。

馬來半島之橡皮輸出額

現今全世界巴拉橡皮之產出額。總計約八萬八千噸。其中產自南美之巴西。秘魯等國者。約三萬八千噸。公果及其他之亞非利加方面者二萬五千六百噸。其殘額二萬三千四百噸。卽馬來半島•錫蘭•爪哇•婆羅洲等南洋各地所產出者也。（倫敦勿哀及斯商會之報告一九十二年份之調查）今記馬來半島主要四港之輸出額如左。

▲馬來半島橡皮輸出額（單位爲噸）

	一九〇九年	一九一〇年	一九一一年
新加坡	一〇三〇	一三五〇	二八〇〇
蘇呑亨港	三三四〇	六五〇四	九七〇二
檳榔嶼	九二七	一二三〇	二三二〇
馬剌呷	一	八	九九七
計	五二九八	九〇九二	一•五八一九

觀上表可以知其進步之速矣。曾記一九零五年前在貿易表上•橡皮事業之微細。幾不足數。乃不數年間而其進步竟如此。若至三四年後。則一千九百十年來。卽狂熱時代所種植之橡皮。亦全達採液之期。其前途之發達。更難限量焉。故有識之士。

謂一千九百十五及一千九百十六年。爲當加警戒之時期。豫計屆時之產出額。當在六七萬噸以上。然橡皮需用範圍之廣大。既如前述。且種植橡皮之生產費。較之野生橡皮尤廉。故將來南洋方面輸出之橡皮。與巴西之野生橡皮。在市場上競爭。巴西必歸失敗。蓋巴西橡皮一磅之生產費。須三志以上。（一志約中國五角）而馬來半島之橡皮。僅不過一志半也。（譯者按目下生產費市價及各公司經營之地域已稍不同請參觀本節末譯者附誌項下）

橡皮業之利益

橡皮市價之漲落無常。爲斯業經驗家所熟知。故間有因此而生悲觀者。然最近數年來。除一千九百零八年之暴落時代。外概係漸進的趨勢。至若一千九百十年時。每磅竟騰至十志以上。此雖不能舉以例常。惟自一千九百零九年以來。從未聞有跌至四志以下者也。總之平均市價。作爲四志半乃至五志。觀決無大誤。（一千九百零八年暴落時代尚爲三志三片云）若觀馬來半島主要橡皮公司之收益。則聯邦之雪蘭莪公司。最近四年間平均得百分之二十五分三。巴達林克公司得十八分六。林記公司得十三分三。而此林記公司之出產額。在一千九百十年時。實爲馬來半島之冠。獨力輸出橡皮四百七十五噸有餘。此非因其有四千五百英畝廣大之地域故也。實其可以採液之樹較多耳。簡言之。卽橡皮業之先登者是也。林記公司共經營九千九百餘英畝。而前記四千五百英畝云云者。乃指其已種植之地而言也。馬剌呷公司。更經營二萬四千七百英畝。（資本九百萬弗）其已經種植者約一萬五千英畝在馬來半島方面已種植之區域。此爲最大。去年產額。亦有七百六十五噸。惟柔佛之拉巴蘭特（資本三百萬弗。地域三萬五千零六十餘英畝）及滑倫勃沙（地域三萬七千五百餘英畝）其已種地域。雖尙不及馬剌呷公司。而其經營之大則兩者均反優於馬剌呷公司也。以上三者。名曰馬來之三大橡皮公司。惟我國人所經營之三五公司。亦有三萬八千餘英畝。未始非此三大怪物之對抗者焉

收益之計算

據維克亨氏之理想。一英畝可種橡皮四十株。若取二十二呎之距離。可種七十株。二十呎可種百餘株。惟今日馬來半島之橡皮林。大率皆取二十呎距離者也。種後至第五年。樹木老幼尙未一律。不能全部採液。至第六年始全部可以採液矣。嗣後年年液量增加。故最初第五六兩年之液量。平均作爲同量計算。必最穩妥無疑。卽第五年所採液量。平均一樹可得一磅。一英畝可得一百磅。一百英畝可得一萬磅

經營上之實驗

是也。然此乃最初二年間之計算。爾後每年一樹尚得增收半磅。此夙爲經驗家所確認者。且液量增收而採液人夫無須增加。惟製造所稍加煩忙。故生產費與年年採液額之增收。適成反比例。而徵之從來馬來半島各公司之報告。一磅生產費大半爲一志一二片至一志三四片者蓋極少也。（譯者按志又可譯爲先令片又可譯爲辨士皆英國貨幣名）故雖在採液初期。從未有一磅之生產費超過一志六片者。以與前記之市場平均價格四志半乃至五志內外相對照。則一磅之收益。決不在三志以下。即在一千九百零八年之最低市價。亦尚可得二志之利益焉。更由經營一百英畝之橡皮業觀之。其樹數共一萬株。其初年之採液量一萬磅。則其收益已不下三萬志（即二千五百磅）矣。以此收益額與土地測量費地租除草費等相對照。則得百分之十或二十之純利。亦一平常事耳。

由是言之。則人將疑橡皮樹爲黃金木矣。此則大誤者也。蓋雖著實穩健之經營者。其經驗愈多。其困難愈甚。且地質不同。或因除草及蟲害等之關係。而來意外之障礙。亦未可知。故惟有經過一次困難。增加一次知識。知識愈進。而排除障礙之良法愈多。例如從來橡皮業者所最嫌惡之蘿蘭。（一種茅草）近則發明印度喜馬拉耶地方所野生之度里廓斯蔓草。移而種植於橡皮之間。可以驅滅蘿蘭。此蔓草能生大如豌豆之果。可作牛馬之飼料。且可使橡皮林不至過於乾燥。一舉而數利備焉。此等發明。其有益於橡皮業者。實爲莫大之功。總之世間萬事。均賴人力。雖一則曰金力。再則曰金力。三亦曰金力者。（譯者按此拿破崙之言也有人問拿翁曰此後戰爭第一要件爲何拿答曰金力問第二亦曰金力問第三仍曰金力蓋世間萬事實惟經濟力爲最大也）亦不得不與人力相輔。而其效始見。故從事於橡皮業者。其監督精細之能力。與完全之活動。實爲第一要件。二年前英人之間有謂經營一百英畝之橡皮林。至採液年期。約須二萬弗者。至昨年發表謂須三萬弗。此因經驗深造之經營者薪俸漸高。與鋤草驅蟲等諸般費用漸多故也。雖然一面有增者。一面亦有減者。如前記度里廓斯之發明。卽能使鋤草費之大減者也。

製造上之設備

橡皮林達採液年齡。不可不建設製造所。置備機械。及工人等之宿舍。以爲採液之準備。蓋一百英畝之橡皮。一日卽有一百磅之原液也。雖小規模之橡皮林。所

工人及其保護法

須凝固用具一切約五十弗。輪輾機一百五十弗。煤油發動機千弗內外。及乾燥室一棟已足。然普通均購九點鐘內可製二百磅橡皮之輪輾機約五百弗。其煤油發動機約二千弗。凝固用具約七十弗。壓榨機約三百弗。乾燥機約千三百弗。再加作工房三間與凝固室八間之建築。(若無乾燥機時則更須乾燥室）此為製造所之單位設備。其他採液用之杯子●小刀●等亦屬必要之品。惟屬零星品件。姑不備載。

又採液時之橡林。一英畝須用工人一名。卽一百英畝之橡皮林。至其發育生長時至少亦須工人七八十名。工人之宿舍不可不如數建設。且其建設又不可不從政府規定之工人健康保護條例。以為準則。（現在馬來半島之橡皮園工人約十萬餘。其中印度人占過半數。其次則中國人三分。爪哇人一分。馬來人最少。其工資每日六角乃至四角。婦人亦有從事採液者。約得三角內外。兩三年後已種橡皮皆達採液之期。此時當更須數十萬之工人焉。）凡雇主須為工人謀飲水之潔淨。且供給醫藥。設備病院。常聘醫生。以保其健康。但小規則之經營者。則許其共同組織病院。及共同雇聘醫生也。

製造之順序

注入汁液於凝固器中。加醋酸以分解水分。於是橡皮之成分自然凝固而沈澱。復將此沈澱物壓榨之。以去其殘餘之水分。再以輪轆機平押之。遂成爲板狀之粗製橡皮。待其乾燥。卽可持往市場求售。故粗製法極簡單者也。但此項製法。尙非完全。若巴西橡皮。往往須至極深奧之山中。採液。不能攜帶器械。故每人以其液粘著於匙形之柄上。受於火而燻製之。此爲最良之製法。然亦最迂之製法也。惟現今馬來半島所用之醋酸分解法。則橡皮之主成分。每與水分同時流失。故不免有彈力薄弱之虞。斯業之先輩維克亨氏謂寧取迂遠之巴西製法爲佳云。

人造橡皮之出現

吾人以上已敍述馬來半島巴拉橡皮栽植狀態之概要矣。然近時人造橡皮出現故每每有爲斯業之前途危者。自前年德國首唱後。去年孟鳩斯脫大學敎授巴精氏又發表其製法。其法卽以醋酸爲原料而製出之伊索步林與利奇由謨相結合。而作成固體之橡皮是也。惟其生產費過昂。故復發明以澱粉質製出富有塞油。復將其中所含之酒精成分分出之。卽得伊索步林。然後再與利奇由謨結合者。據後者之製造法。每磅費用約在一志內外。較之種植橡皮之約一志半者。似稍低廉。然人造品與天產品終有區別。試觀人造絹•人造樟腦等。均尚未臻完善者也。故當業者對於人造橡皮之鼓吹。反視爲一般投機業之奸策而已。且同一天產橡皮。而有喀達拔却有因特伊亞有倫龐有巴拉而巴拉之中。又因巴西野生與馬來栽植之製法各異。故製品家之好惡既各不同。而製品原料之用途亦皆不一者也。況乎巴精教授所云之製法。果能以一志內外之經費而製出否。尚屬疑問。而其他專門家實驗之結果。又謂人造橡皮一磅之費用至少須二志半。雖較之巴西巴拉之生產費及輸出稅等。每磅約在三志內外者。價似稍廉。然與馬來半島之每磅生產費僅一志二三片者相比較。似尚不足深爲介意者也。

賣買上之注意

近來馬來地方之英人。有豫計其翌年份產出之橡皮。而以其幾分先與倫敦商人立約賣買者。雖雙方均不能豫卜其眞正之損益。然亦足供豫測市價之參考也。即前年中將去年份之巴拉立約賣買者共二十八起。其中最少之一起爲六噸。最多者爲七十八噸。平均每起四十八噸七分一。而其一磅之價額最低爲四志四片。最高爲四志九片。平均每磅四志七片二十八分一。此可証吾人前舉之市場平均價格四志半乃至五志說爲不訛也。

惟吾人宜加注意者現時之橡皮市價尚不免受巴西野生橡皮之影響。蓋野生橡皮每年自七月至十二月爲其收穫及運搬期。正月至六月乃輸出於世界市場。而在今日其產出額尚占全世界總產額之半。故巴西橡皮之輸出期與馬來橡皮之價格。不能無密接之影響也。若將來馬來半島之產額巨增。則其勢力必轉移。縱令在十二正二之三閱月間。値溫帶地方落葉時期。其收穫必稍減。然通年可以採液而無休期。故與彼巴西橡皮獨占舞臺之時代。其市價變動之事實自然不同。特今日尚未達其時耳。但不數年而其形勢必一變。蓋馬來橡皮之產出額。將來必遠駕乎巴西之上者也。

橡皮前途之無須悲觀

回顧前年五月。因巴拉橡皮之堆積於倫敦及保留於巴西者過多。一時供給超過之聲大震。以爲一磅價格。必將跌至三志或三志以下矣。然事實則非獨不再下落。反漸次增至五志。蓋橡皮市場之事頗不易測。萬不可徒聽輕卒之說而遂分憂喜也。前美國業製造橡皮品之代表斯典登氏來視察馬來半島時。曾謂一千九百十年之暴騰。實爲恐慌時代之反動。蓋當時橡皮品製造者。忽起恐怖。謂橡皮製品。終難暢銷。故雖其庫藏原料。消費殆盡。而猶懷餘懼。各廠均取消極方針。不敢進貨。其結果遂使一朝市場恢復。遭逢擴張事業之氣運。而各廠橡皮原料。咸告缺乏。乃爭向市場購買。此實暴騰之原因云云。雖今後之暴騰不易常望。然亦不可謂之絕無。蓋近年橡皮用途之廣。與橡皮製品博覽會之開設。於各地有名都市。自然刺激衆人之耳目。而其新用途正無限也。倫敦東停車場。嘗築橡皮路於其場內。（與車馬通行之市街無異之處）至去年九月正滿十八年。計共減耗八分之五吋。即平均一年間磨減二十九分之一吋而已。此實可供市街改良論者及道路建築家有益之參考材料也。惟在今日以每磅四志半之市價爲標準而計之。則幅三十呎距離一哩之橡皮路。即須三萬一千六百八十磅。故無論何國。尚難實行。若市價稍落至適當之點。則市街改良論者。必主張建築橡皮道路矣。況目下熱心研究橡皮街道建築法之技師。已隨處皆是也。要之橡皮事業之前途。大爲有望。而又最適我國人之經營者。此吾人所敢斷言者也。

譯者附誌

井上君遊歷南洋。係一千九百十二年。故本節所論。大率指該年以前之情形言也。今則輸出總額。栽植面積。及經營公司等等。其數均與年俱進。惟市價日落。迥非前比。井上君謂自一千九百零八至一千九百十二之五年間。平均每磅總在四志半乃至五志之間者。今（一九一四年）則始終上下於二志乃至二志半左右矣。至若橡皮每磅之生產費。井上君謂約須一志一二片。亦係指歐人所經營之公司而言。吾華僑所經營之橡皮林。從未聞有超過一志者。蓋歐人公司。其經理人與事務員等月薪既大。而一切工人宿舍遊樂場等建築用費又鉅。且生產費之大小。又視橡皮林之年齡而不同。卽年齡愈大。出液愈多。而工人仍無須增加。故生產費遂輕矣。是以橡皮每磅之生產費。一層不能一律論。全視乎職員薪工之多寡。橡皮年齡之長幼。以爲判也。新加坡陳君楚楠。其橡皮林面積。雖不過數百英畝。然因其橡皮年齡。大半均係十年左右。而陳君又係親自經理。故其每磅生產費。不過七片上下。（十二片爲一志每片約中國四分每志約中國五角今七片云云者倘不及中國三角也）宜乎其有橡皮市價雖跌至一志二三片。我亦不怕之豪語也。（按西人之研究造橡皮路者謂橡皮市價能跌至一志二三片。則世界各國卽可實行築造橡皮路云云故陳君有是言也）總之事在人爲。第一要。知識。第二要。經驗。第三要。勤懇。三者兼備。未有不獲勝利者。敢以奉之國內外之實業家焉。

由上所述。歐人之生產費每磅既須一志一二片。萬不能維持至研究築造橡皮路者之理想市價實現時。此無待煩言者也。吾華僑之生產費。不過歐人之半。然則吾僑橡皮業之發達。其前途正汪汪洋洋。當無涯際也。而豈知不然。往年馬剌呷之橡皮林。幾十分中之九分半。爲吾僑所手闢。今則大半爲歐人或日本人所收買。而爲吾僑所有者。不過什之一二矣。推原其故。蓋有二焉。一曰資本太短。蓋橡皮木也。非穀也。穀則當年可穫。而橡皮非至第六年第七年無絲毫之收入者也。管子所謂一年之計。莫如樹穀。十年之計。莫如樹木者是已。（然管子又謂百年之計。莫如樹人。今華僑種橡皮種椰子。可謂知十年之計矣。然何不更進一步爲百年之計乎。此吾人於視察南洋時。殷殷屬望於華僑者在是。戚戚然爲華僑深憂者亦在是也。惟此爲教育問題。吾人已於教育項下詳言之。茲姑不贅焉。）

今吾僑之種橡皮者。往往爲過量之經營。以致中途資本告罄。或開拓一半。而其他一半無力開拓。或全部開拓。而每月之雇工割草無力維持矣。甚至有汗血勤勞所開拓之橡皮林。任其蔓草遍園。盡棄前功者。此最爲可惜者也。又嘗見有於橡皮林中間種波蘿蜜者。蓋波羅蜜下種後十八箇月。卽可收穫。以其收穫而爲維持橡皮下種後五六年間之經費。亦未始不是一法。惟地力有限。每見間種波羅蜜之橡皮林。雖四五年之橡皮樹。尚其大如竹。究竟孰利孰不利。實未可遽斷者焉。二曰道德太薄。歐人公司。其股東大半在倫敦。南洋方面不過來一二經理者。卽可濟事。挾雄厚之資本。存放銀行。立精確之豫算。循軌漸進。一步又一步。堅忍持久。終底於成。而吾僑則凡百事業。均係單獨經營。固不獨橡皮已也。蓋吾國人公性一己之觀念深。公衆之觀念淺。此爲不可諱言者也。單獨經營。其利害切於一己。故勤懇奮勉。或尚有成效之可言。若一至合股。則或股東互存私見。或經理從中作弊。終至一敗塗地而後已。往年上海因購橡皮股份破產者。不知凡幾。至今上海人聞橡皮二字。猶慄慄然有餘懼焉。此其明証也。嗚呼。但計目前之小利。不顧將來之信用。但圖一己之私利。不顧公衆之影響。卒至全國實業家。一聞合股。卽存戒心。而一切市價漲落貨物挑剔。悉爲歐美大資本家所壟斷。尚何發展之可言哉。日本實業界泰斗澁澤男爵謂我國人曰。敝國之算盤及論語。均係由貴國傳來。此二者必互相爲用。方可在二十世紀之國際貿易場中有立足地。（意蓋謂論語尚忠實重信用。如曾子曰。爲人謀而不忠乎。與朋友交而不信乎等是也。且古聖垂教。無論士農工商。人人須以國家爲本位。管子云。士農工商國之四民。四民缺一。國乃不立。夫國家之所以貴有此四民者。貴乎有國士國農國工國商也。不然者。迂士賤農。小工細商。雖遍滿禹域四百州。與國家有何補焉。西人對於終日計較錙銖。但知爲一己謀利益。而其他杳無餘念者。名之曰生活的奴隸。其以此乎。）今貴國上下。讀論語者不識算盤。操算盤者不解論語。貴國之百孔千瘡。胥由乎此。深盼貴國人左手執算盤。右手持論語。庶可雄飛於國際貿易場裏焉云云。噫。斯言也。實我國人目下之當頭棒喝。不獨實業家所當銘諸座右者也。

華僑在南洋經營橡皮者。其數甚夥。要皆小規模之單獨經營。已如上述。其規模較大者。則惟馬剌呷之陳齊賢君。此君對於橡皮事業。既具熱心。又富經驗。而馬剌呷•吉隆•坡•芙蓉新加坡各處。均有其經營之橡皮林。其面積之廣大。實爲僑界橡皮事業家之冠。故有橡皮大王之稱。此則差强人意者焉。

玆更摘錄在馬來半島歐人經營之橡皮公司。對於一千英畝之經費概算表。以供有志斯業者之參考如左。

測量費	八二二五弗	苗床及種蒔費	六〇〇弗
界石費	一〇〇	四圍鐵絲柵建築費	一八四八
選地費	三〇〇	道路開鑿費	一〇〇〇
領地費	三〇〇〇	惡草除掘費	一三五〇〇
工人住屋三棟	五〇〇	禮拜堂一棟	二五〇〇
總理住宅一棟	一二〇〇	娛樂場	五〇〇
監工住宅一棟	八〇〇	病院	四〇〇

伐木費	七〇〇〇
燒木費	七五〇
打掃費	五〇〇〇
掘穴下種	四五〇〇
境界開鑿	三〇〇
三十萬種子及運搬費	三六〇
司閣一名薪給	一二〇
工人逃脫損失	五〇〇
牛車一輛 牛二匹	二〇〇
牛車夫一名	一四四
什物用器	二〇〇
藥費及醫生薪俸	一〇〇〇
地租	五〇〇
工人百名死亡者約十名每名費用約二十弗	二〇〇
總理薪俸	一八〇〇
監工二名薪俸	六〇〇
下僕一名薪給	一四四
帳櫃及防身手鎗	二〇〇
農具	二五〇
雜費及臨時費	九〇〇
合計	五•六二四一

此第一年著手開拓之經費也。此後每年維持經費。約須二萬三千一百九十八。弗至第七年可以完全採液時計開拓費維持費共十二萬七千三百零一弗。即

平均每英畝開拓費爲五十六弗二角四分。一連維持費爲一百二十七弗三角一釐。惟華僑之經營者其開拓費至多不過五十弗。維持費亦尙可從儉。蓋因禮拜堂娛樂場等均可不需而總理住宅及薪俸等亦可稍減故也。聞新加坡林義順君最長開拓近又在柔佛新闢一千英畝開拓費僅四十餘弗云

由上所言吾僑之經營橡皮者。不論開拓費維持費生產費均較歐人爲廉苟能精確豫計。堅忍持久。單獨者勿爲過量之經營。合股者各守公同之道德則斯業前途正大有望吾僑勉乎哉。

二、椰子

穩健之事業

通馬來半島及南洋諸島。與橡皮樹同有興味之事業。而爲近時所盛行種植者。椰子是也。因其收入之確實市價之順騰及栽植之較易於橡皮故穩健之資本家轉以經營椰子林爲合宜。遂漸漸惹起各國人之注目矣。蓋橡皮事業。其所以能聳動世界。得亙古未有之大發達者。卽由於一千九百十年之暴騰而現出狂熱時代之故也。椰子業則異是其市價無非常之變動。年年逐步漸進。雖其收益期約須九年。

不若橡皮之速。然惟此卽其所以不能爲投機的事業而可免危險之虞也。故就此點論。一般摯實之經營家漸有種橡皮寧種椰子之勢。惟椰子本係南洋及印度洋之原產。若錫蘭島則六世紀時已早有種植椰子者。非如橡皮之突然發生也。不過向來僅供幼穉無識之土人作食用。而任其如原始時代之自然生長。今則大投資本以從事於大規模之經營焉耳。彼美國・暹羅・緬甸・菲律賓及中國南部等處之椰子林。蓋自印度洋及南洋方面所移植者也。

椰子之分布及其生產限界

今日全世界椰子之最大產出地爲錫蘭島。據斯業家言。現時世界椰子林之分布狀態。計錫蘭七十萬英畝。英屬印度及其屬領四十萬英畝。馬來半島及荷屬各島六十萬英畝。（菲律賓及新基內亞在內）太平洋諸島二十六萬英畝。暹羅及交趾　十萬英畝。亞非利加十一萬英畝。中央亞非利加二十五萬英畝。南美各國五十萬英畝。及西印度十一萬英畝。總計面積約三百萬英畝云。此雖不過一大略之統計。然其主要地之何在。可推知矣。蓋椰子以常年氣溫無大差異。平均華氏七十五度。雨量五吋之地爲合宜。且海岸多鹽質之地尤佳。此物最能吸收土中水分。故雨量之關係。

不可輕忽。今日斯業者之所謂生產限界。謂椰子之種植。必在南北兩回歸線內。爲限。又海拔一千六百呎以上之地。雖在限界內。亦不宜種植云云者。均職是故也。蓋椰子結實之多少。全視乎氣候與雨量之關係以爲斷。若在前記限界以外之地種植之。其收支決不能相償也。

南洋之椰子輸出額

今觀馬來半島及荷屬各島之椰子仁輸出額。以卜其椰子生產額如左。

英屬海峽殖民地輸出額　二一五・〇一六一磅（一九十年）

荷屬 爪哇之輸出額　一〇八四・九九一四盾（一九〇九年）

荷屬 其他諸島之輸出額　一六七二・〇四四一盾

英屬海峽殖民地輸出額中。雖含有馬來聯邦及其他北四州之生產品。然尙不得謂爲半島全部之輸出額。且其果實爲土人之常食品。故除輸出額外。土人自用部分。其額亦甚大無疑也。近來栽植之椰子。尙未達採收之期。故前記之輸出產額。均係由從前原有之椰子林所採得者耳。

無限之用途

椰子之用途。今則益益擴大。白色之仁。可供日常之食料。仁中之水。可作清涼之飲料。而其仁中因含有多量之油分。故又可壓榨椰子油。其渣滓可飼牛馬。此外椰子酒•醋•酸酒•釀等亦得由椰子仁中製出。其殼可磨爲瓢匙•烟盒•點心盒等器具。其外皮之纖維可作毛刷棕墊•（譯者按每見人家門口或簷下置有長方形之小棕墊入室時在其上擦去鞋底之塵沙泥灰者即是也）其嫩芽可煮爲食料。長葉可編爲袋類或充燃料。其莖中之汁。又可作糖。其樹幹可供建築家具之材料。而其每年向海外輸出最多者則爲椰子仁。（俗呼椰干）即椰子仁之焙乾者。其價額年年增漲。可作化粧品原料•及牛油•椰粉等食料之用。蓋果實樹枝根葉皮殼無一棄物者也。世豈有用途之廣需用之大如此物者耶。

栽培手續及費用

至其栽植順序。如領地•完稅•測量•費等之規定。與前節橡皮事業項下所述無大差異。其他除草•伐木•排水•下種•開路等一般開墾上必須之費用。亦與橡皮相同。惟其種植之疏密。大半均取二十二呎距離之制。即一英畝種七十株是也。種後一切經營皆不若橡皮之煩雜。此又爲椰子業者最得意之處。至於生產費。則幾不及橡皮之半。曾有歐人勃羅維德者。計其第一年至第八年一百英畝之費用如左。

椰子栽植費概算表（一百英畝）

第一年　四四四〇弗（領地測量地租開墾播種除草建造房屋監督事務員費器具醫藥設備等全部合算）
第二年　一五〇〇（本年以下除草費可稍輕減其他醫藥等則相同）
第三年　一二〇〇
第四年　一〇〇〇
第五年　一四〇〇
第六年　一三〇〇（本年以下地租雖稍增加而同時可得約六百弗之收益故上數係將生產費及運費等與收入相抵除而計算之）
第七年　一三〇〇
第八年　一四〇〇
合　計　一•三五四〇

右表工人薪水。以比較的稍低廉者計算。故今日或須稍增。惟歐人所經營者。較之我國諸事用費皆大。故大體照上記計算已足。

關於製造場之設備。則除分解機一具。（每日能分解椰子一千個者連裝置費約一萬弗）乾燥機二具（一千五百弗）。外別無他物也。惟副產物之製造設備。

不在其內。

收穫量之概算

若夫椰子之收穫量則視其地質種類及栽植之巧拙而異。惟普通自第七年起每月可生一顆。閱十二月而熟。故爾後之收穫無窮盡矣。聞在爪哇方面十年樹之椰子林。一樹平均可得百顆。若在錫蘭地方則雖放任置之不加人工。尚一樹可得三十顆云。總之栽培後五年乃至六年之際。一樹平均可得十顆。至十年之後則雖以最消極的計算。尚可得五十顆。此後更依年數之增加而結實之數亦隨之益多。及達最盛之期。則一樹可得一百五十顆。而其樹命則七八十年也。

假定一樹一年之結實數最穩以四十五顆計算。則一千英畝之地所產出。可得純益約六萬九千弗如下。

總樹數　七萬株（三十二呎距離式一英畝七十株）

椰子實　三百十五萬顆（一株四十五顆）

椰子仁產額　六百零六噸（各地產額略有差異）

其價格　十二萬一千弗（一噸二百弗）

內除生產費用　五萬二千弗(收穫費及監督等費)

贏餘　六萬九千弗

副產物之利益

此外尚有副產物此不可忘者也。最近又發明由椰子之水分中可製出酢及酒精等類。雖其計算尚未精確。然僅就其纖維一項言。凡錫蘭種椰子三百十五萬顆可得一百九十噸之上等纖維(一噸約一百弗)及七百噸之普通纖維。(一噸約三十弗)除去製造費。約得純益二萬弗。故水成分及其他副產物不計外。僅僅椰子仁及外皮纖維二項。一千英畝之椰子林。一年已可得純益八萬九千弗也。試與上記之栽植費累年概算表相較。至第九年時一千英畝共投資本金十三萬五千弗。而得八萬九千弗之收益。其利益豈不駭人聽聞哉。若以栽植後十年乃至十一年之樹相計算。恐天下更未有如此之有利事業也。況其市價之變動極少。而前記之概算。又係極消極的計算也耶。若不能久待十年。則可在南洋各地。(荷屬尤便)購其已種之林。而一面採收。一面栽植。合併進行。為利更巨。如婆羅洲島者。實其最適宜之地也。其他更有於椰子林中。間種可可·咖啡者。亦未始無相當之利益。惟對於椰子之利害影響如何。

尙屬疑問焉。

椰子業之近狀

吾人以上已敍述椰子業之一班矣。茲更錄二三之見聞焉。按馬來半島中以吉冷丹及丁加奴二州。爲最適宜栽培椰子之地。其所出椰子與有名之錫蘭產相伯仲。將來馬來東海岸線鐵道告竣。必爲一極大有利之事業。故目下先見之士。正盛行栽培中也。又雪蘭莪州之克拉雪蘭莪種植公司。在馬來聯邦政府保護之下。特別借得一萬英畝。其第一年出一角。以後年年遞加一角。及加至一弗。卽爲爾後永久之借地額。按年繳納。惟此公司之義務。有栽培椰子以外。不得將此地轉貸他人之條件而已。此前年五月事也。該公司另有已種之椰子林。且由各地方買集椰子。兼營分解椰仁及製造各品之事業。

馬來半島雖係椰子原產地。而歐人之來此栽植者。僅二三年來事也。此蓋因椰子與橡皮製品不同。椰子一回卽消耗淨盡。而世界之需要。年年增加。故耳。彼穩健之英國人不惜收集劣等椰子於南太平洋羣島。機敏之美國人亦躍起而栽植椰子於福老立特半島。豈無以哉。夫亦有鑒於將來之利益而然也。蓋椰子之名產地。原爲錫蘭故歐人爭先買收錫蘭土人之椰子林。轉來馬來半島。擇地栽植。而其他資本家又各蹈查利育羣島•蘇門答剌•婆羅洲及西列倍斯之沿岸各地。去年四五月之交有曾爲馬來半島之顯官諸人。創一公司。在倫敦提議先收買馬來土人之椰子林。從事製造。乃徐徐著手栽植椰子。其計劃爲殖民地政府所反對。謂馬來人之幼穉一如小兒。今奪其不動產而與以最易浪費之金錢。似乎不可。故其後稍稍變計云。又馬來半島霹歷州海岸地方之低地十萬餘英畝。二三年來亦悉變爲椰子林矣。

吾國人知急於南洋之橡皮事業。而疎忽較橡皮尤適當之椰子事業。此實吾人所不解者也。

譯者附誌

椰子業之前途。實爲有望。其原因有四。用途漸廣一也。（如椰油•椰粉•牛油代用•化粧原料•茶點原料等是。）每年所出均消耗淨盡二也。（因係食料品故）資本較輕三也。（歐人經營家之概算橡皮與椰子。其每英畝開拓費之比爲十四

譯者附誌

比十一云。）經營較易四也。（椰子不如橡皮。每日須監工採液。且平時除草等費。亦較橡皮林爲省。據歐人公司橡皮至達採液期。每英畝約須工人一名。至少每千英畝須九百名。而千英畝之椰子。則僅雇常用工人四十名足矣。其難易爲何如哉。）惟華僑在南洋者。亦以經營橡皮者多。經營椰子者少。有數千英畝以上之椰子林者。蓋寂無所聞焉。新加坡方面華僑所有之椰子林面積。推周如切君爲最廣。然亦不過五百英畝左右而已。今者馬來半島東海岸綫鐵路工事。著著進行。不久必全綫開通矣。彼丁加奴吉冷丹二州。爲最適宜於椰子栽植之地。及此經營。尚未爲晚。深望吾僑之捷足先登。勿落人後也。

三、錫鑛業

全世界之產錫額

現今世界之錫市價。全爲馬來半島及荷屬東印度所左右。蓋全世界各國之產錫額。其十分之七。皆自馬來半島及荷屬各地所供給者也。就中馬來半島之產錫額。約占世界總產額十分之五。南美之秘魯及荷屬東印度次之。卽近年世界之產錫額。約在十萬噸內外。而馬來半島產出五萬噸內外。秘魯產出一萬四五千噸。荷屬

南洋之產錫額

東印度產出一萬五千噸乃至三萬噸是也。其他則不過濠洲之約出六千噸。英國之約產四千五百噸而已。

茲表示馬來半島及荷屬各地之產錫額如左。

年次	馬來半島	荷屬各地
一九〇六年	八一・六七八七擔	一・四八九八噸
一九〇七年	八一・三六三六	一・五四二〇
一九〇八年	八五・四〇六五	一・五八〇七
一九〇九年	八一・八八八七	一・六五三三
一九一〇年	七三・六八九八	二・〇〇七二
一九一一年	七四・〇六九八	未詳

再記兩地方之輸出額如左。

馬來半島輸出額（一九一一年）　六九六四・五四六六弗

荷屬各地輸出額（一九〇九年）　一八九六・九九七〇盾

荷屬輸出之錫。有官辦與商辦之別。其屬於彭加•皮利冬•及新吉坡三島所產出者。已於前編詳言之。（第五章各島視察之概要第五節其他各島項下）要之荷屬全產額十分之七出自彭加島之官辦錫鑛其他皮利冬則出「二•五」新吉坡則僅產出其殘額「〇•四」而已。

馬來之沙錫

馬來半島以霹靂州爲第一。雪蘭莪州次之。他若芙蓉及彭亨二處。亦有相當之產出。且彭亨之處女林近時逐漸開闢。故其鑛區亦漸增大。又東北部之吉冷丹及吉打二州錫脈亦多。惟尙未採掘故無統計可據爲憾耳。今舉前記四州之鑛區面積如左。

州名	一九〇九年	一九一〇年	一九一一年	過去二十年間之產出總額
霹靂	一五•〇三六七英畝	一四•八三二九英畝	一四•八六四四英畝	四七•七九〇〇噸
雪蘭莪	七•五一〇四	七•五一四六	七•三四四八	二九•九五六四
芙蓉	二•四六〇一	二•三六三七	二•二八三七	七•三三二五
彭亨	三•〇九九八	三•二七四二	三•二五五二	二•二九二四

合計	二八•一〇七〇	二八•〇二五四	二七•七四八一	八七•三七〇三

觀上表可知馬來半島之錫鑛業。霹靂實占其過半數。換言之卽馬來半島產錫占全世界總產額二分之一。而霹靂一州之所出。又占馬來總產額二分之一以上是也。

霹靂州之錫業

霹靂州之德路拿錫鑛。有世界第一之稱。而其他鑛區亦不少。今列舉其一年間可出五千擔以上之鑛山如下。

德路拿	Tronoh	六•四九五八
雪不丹	Siputeh	五五三二一
波新巴爾	Pusiug Bahru	七八二二四
唐彭	Tanban	八〇九一
剌拔脫	Labat	七四〇二
奔加耶	Pengalan	六二四九
丹加	Tekka	六八五七

克拉馬德	Kramma	六七七六
阿各奔	Oedgopeng	五一四四
爱倫肯塔	Elains De Kinta	六七一八

世界第一之德路拿鑛山。在怡堡之西十五哩。其他產額之較多者。如雪蘭莪州之吉隆坡附近及芙蓉之塞倫彭地方。皆著名者也。（德路拿至怡堡之間有我日本人經營之汽車公司）

採錫之方法

馬來半島採出之錫。俗稱沙錫。其採法極簡單。在霹靂州者僅三四呎。在塞倫彭者則十呎乃至二十呎。即達其鑛脈。鑛夫乃採掘其含錫之赤色土砂。置於一籠。利用堰閘水勢。或以器攪拌之。則土砂洗去而錫質沈澱於籠底。然後運至溶解場。以製粗製錫。若霹靂州之法國人採錫公司。則自十二哩遠之處引一鐵管利用其水勢以分解土砂者。至其粗製錫則皆送至新加坡或檳榔嶼精製之。其特約收買者爲海峽貿易公司。其他尚有三四之中國人公司。皆小規模者也。世人之旅行雪蘭莪以北各地者。見到處河水混濁。皆因其上流淘洗砂錫故也。

中國人之採錫者

鑛夫大半爲中國人。間有馬來人及他米爾人。然爲數極少。一千九百十一年份之鑛夫總數爲十九萬六千四百人。而其中十分之九爲廣州福州瓊州人也。按最初馬來之業產錫者不限定鑛區。凡出願者得採礦許可證（爲中國人多）即可自由探索各地及發見鑛脈。乃報告其鑛區面積卽得著手採掘。尤甚者未成英屬以前土人酋長與中國人之間任意締結條約。到處採掘故至今在馬來半島擁數百萬財產之中國人大半皆當年自由採錫而致富者也

產錫額之減少

然近年以來。錫之產額漸次減少。不特大錫鑛之沙錫將近告罄。其他一般之鑛脉。亦次第變化。其採掘終不能如從前之簡易。加以橡皮事業勃興。工人多轉職他向。故勞力不足之聲日高。是亦斯業者所不可不措意者。吾恐馬來半島之錫業。不久必變爲與歐洲錫鑛同一採掘法外無他道矣。日本人之經營錫鑛者未始無有。而所苦者。亦卽鑛夫之缺乏耳。蓋若求鑛夫於日本內地。不獨不易得。且工價甚高。不得已。惟有傭聘中國人而已。（普通中國人之工價除當初渡航費及介紹費外每月拾弗乃至十五弗）故就此點論之。吾日本移民之渡航者。必大受歡迎無疑。惟果能與中國人有同業之氣力體力與

錫價之騰貴

否尙屬疑問也。

馬來半島之產錫額。近雖日漸減少。猶幸市價年年增漲。故錫業者之收益。反較從前爲多。一千九百十年份之價格每擔平均爲七十七弗六角三。最高八十八弗七角五。者其翌年每擔平均價格增至九十三弗九角一。（最高九十九弗五角最低八十三弗七角五）故肆歷一州前年份之產錫額雖較上年減少一萬二千擔。而其價格反增加六十一萬六千餘弗也。

今錄我國貿易表上所記由馬來半島輸入之錫額如左。

年次	數量	價格
明治四十二年	一二九•七五一二斤	九八•四七九二圓
明治四十三年	一三〇•五九六六	一〇九•六三一五
明治四十四年	一五五•七九四八	一六三•七六七六

譯者附誌

譯者附誌

可知我國之需用額。亦逐年增加。斯業之將來。蓋亦不可輕視者也。

馬來半島之錫鑛採掘業。誠如井上君所言。半係吾僑所經營。在馬來聯邦首府吉隆坡之陸佑。陸秋傑諸君。皆經營錫鑛之大告成功者。惟原著謂近年產額雖漸減少。而錫價却漸增漲云云者。係指一千九百十一及一千九百十二年時言也。今則（一九一四年）錫層愈深。錫價愈跌。一般錫鑛採掘業者。因經營不易。大半輟業。以致數萬僑工。一時失業。大有悵悵無所歸之勢。所幸其他事業需工正多。故尙有轉職之機會。不久仍當各得職業。以免顚沛流離之苦。惟聞輟業者。均係小規模之經營家。故一遭厄運。卽無餘力支持。而其他資本較厚。或規模較大之公司。則雖錫層日深。錫價日跌。然或改良採掘方法。或節省生產經費。固尙有經營之餘地。如霹靂州之梁輝君。其所經營之錫鑛。規模甚大。聘有歐人技師。均用機器開掘。至今尙繼續經營也。然則吾人於橡皮項下所陳述之過量經營。單獨經營之二弊。實爲吾僑凡百事業所均宜痛戒者。此吾人所以不憚一再煩言也。

四、糖業

糖之消費力與文明之關係

糖之消費額。隨文明之進步以俱增。故歐美人每以一國需用之多寡。爲判別其文野程度之標準也。據統計家之計算。英國人每年每人之消費額。平均六十九斤。美國人六十三斤。德國人三十二斤。荷蘭人三十一斤。法國人二十七斤。比國人二十三斤。而俄國人則僅十五斤云。其中荷蘭人之消費額。較之法比兩國人更多者。蓋因其殖民地（卽爪哇）所出之糖價廉而足資供給故也。然我日本人則較俄國人尤低。一人平均消費額僅不過十斤。在明治三十四年以前。我國民之消費力。曾年年昂進。其一人平均消費額約十三斤八分。（總消費額六億二千四百萬圓）其後因關稅及消費稅之增收。及糖價之蹂騰。致令消費力逐漸減退。雖　臺灣糖之生產額年年增加不少。而一般國民之需用。竟反呈減少之奇觀。蓋臺灣糖業之所以發達者。不外乎當局者之保護及獎勵而已。然非欲使糖價低廉。以增進我國民之消費力者也。不過欲驅逐海外輸入之糖。令日漸減少已耳。其實國民直接並未嘗得絲毫之利益。苟由歐美人言之。則實自文明而逆入野蠻之域者也。故吾人於敍述爪哇製糖業之先。不能不指摘此一宜注意之事項焉。

爪哇糖之位置

輓近全世界糖之總產額。約一千五百萬噸。乃至二千萬噸。此雖係大約之概算。未得謂爲精確之統計。然與各專門家所言。大略相一致者也。其種類可大別爲甘蔗糖及甜菜糖二種。今錄其著名之主要產出地國別表如左。（單位爲千噸）

		一九一一年	一九一〇年	一九〇九年
（甲）甘蔗糖	布哇（即美屬檀香山）	五三五	五〇六	四六三
	玖馬（美洲一共和國）	一八七五	一四八三	一八〇四
	印度	二三九〇	二二二六	二二一七
	爪哇	一三九五	一二一九	一二〇一
（乙）甜菜糖	德國	一五〇〇	二六〇六	二〇三四
	墺國	一一五〇	一五三八	一二五七
	法國	五二〇	七二五	八〇六
	俄國	二二二五	二一四〇	一一二七
	美國	五四一	四五四	四五一

由此可見爪哇糖之在世界。其位置實甚高也。而我國目下輸入最多之外國糖。及將來爲我臺灣糖之勁敵。而不可不血戰者。均此爪哇糖是也。今將爪哇所輸出之

各國。除其本國荷蘭外。其他主要地均列如下表。

(一)英屬印度	五七二四•六二〇〇盾	(四)日本	一四七一•九六三四盾
(二)香港	三三三三•五四九九	(五)濠州	一二〇七•六二二九
(三)沙飛港	二五八四•一五八四		(一九〇九年份)

爪哇糖與日本之關係

爪哇糖之總輸出額。年年約二億萬盾以上。占荷屬東印度貿易總額二分之一。其輸出於日本者。明治四十二年爲一千二百萬圓。四十三年爲一千二百七十五萬圓。四十四年爲八百七十六萬圓。實達外國糖輸入總額十分之九分五。凡揭太陽旗之輪船。間有往來於牲達海者。或三井物產公司所以特設支店於泗水者。蓋莫不由於爪哇糖貿易之關係。(次之爲煤油) 此吾人所當著眼者也。近年在中國市場中之糖業戰爭。異常激烈。爪哇之白糖及粗糖。香港之精糖。及赤糖與歐洲製之白糖等。無一非我國之競爭者。雖我國精糖(原料仍係爪哇糖)漸漸壓倒香港精糖。然異日之形勢。尚未可逆睹也。蓋我國精糖。因煤炭及工價之廉。故對於香港精糖之競爭。得稍占優勢。然若爪哇製糖業者。各提競爭品以與我相見。則旗鼓相當。吾人決不能安枕者也。

爪哇糖與臺灣糖之比較

世人動輒觀臺灣製糖業之進步。卽謂彼爪哇糖有何足懼。徵諸統計。明治三十五年之產出額爲九千一百四十三萬七千斤者。其後五年至明治四十年。增至一億零七百三十萬斤。更至四十四年。復大增至四億五千一百萬斤。表面觀之。其發達之速。實足駭人。惟我國民之糖消費額。已如前述。一年間約須五六億萬斤。則僅我國之需用。尙告不足。不獨去年之橫遭水災。以致產額大減。卽就平日之收穫額及生產費言。臺灣糖亦遠不如爪哇糖之有利也。蓋臺灣之甘蔗收穫量。每甲平均約五萬斤。其稱爲良種者。亦不過六萬斤內外。而在爪哇則同一面積之地。可出十六萬斤。至其生產費。則臺灣糖雖在最順手時代。如明治四十三年分者。亦須四圓二角乃至五圓二角。平均爲四圓六七角。而爪哇糖則三圓二角乃至四圓九角。平均三圓八九角已足。故爪哇糖之爲我國糖業界之最大勁敵也。不待智者而後知矣。是以我國糖業界或始終甘於臺灣糖之薄利。或藉優秀獨特之製糖技能。用爪哇糖爲原料。精製而販賣之。以爲對抗之道。恐此外更無他途矣。或謂今日之臺灣糖。

其產額已過多。不能如上辦法。不知臺灣糖之產額。非眞過多。實則爲當局者糖業政策所誤。因消費稅過重。國民之需用額大減故耳。若至我國民生活程度漸漸昂進。時吾知每年至少亦須七八億斤。有何過多之慮哉。故將來我國與爪哇在中國市場之糖業競爭。必日益加劇也。

爪哇糖之沿革

爪哇糖業之起源甚遠。在東印度公司時代。土人已從事於糖業。其後因中國人之經營。斯業者日衆。弊害百出。至一千七百四十五年。遂有限制製糖廠所之事。然未幾而恢復如故。直至一千八百七十年之强制勞働法廢止後。始入自由活動之時代矣。（東印度公司時代。及繼其後之强制耕作時代。均有納收穫物五分之一於政府之規定。否則以六十六日間之勞働代之。要之或保護。或干涉。咸與政府之自營糖業者無異、故終不能大見其發達也） 其後一盛一衰。波瀾曲折。如一千八百八十四年。因生產過多。價格暴落。又或以蝗蟲爲災。損失頗巨。嘗盡種種經驗之苦而不屈。及一千八百九十三年。開第一次糖業共進會於泗水及巴城。不久又有糖業公所之發起。至一千八百九十五年。廢止輸出稅。爾來或輕減種糖地之間接稅。

或興排排水灌漑之大工事。或減少鐵路運送費。或設立農事試驗場。等種種政府之保護政策。著著實行以促糖業之進步。故最近二十年來以極堅實之步趨其生產額逐年增加而遂有今日焉。此與　臺灣糖突然躍進者。固不可同日語然彼亦每一二年增加產額一二分。且無大風大水之災害。而頗得自然漸進之發達者也。玆採錄前巴城領事之調查報告。畧述其種苗。培養。製法。工場。等之一班如下

糖蔗苗及其培養法

爪哇糖蔗之種類。極多糖業者競相改良自家專用糖蔗。故其種類年年增加凡歐洲人及支那人。概好用黑色之「吉里彭」種。其蔗幹帶紅褐色。然土人則好用帶白色者。初歐洲人亦與土人同好培養白色之糖蔗。惟終不免受 Sereh 病之侵害。當時曾欲爲該病求一豫防之策。將馬達加斯加島。莫利西斯島。布哇島。婆羅洲島。新西蘭島。所產之糖蔗。一一取而試種之。然一利一害終難盡善凡病害較少者則其所含之糖分。難期豐富。有某糖業者。欲豫防此病。乃於選取蔗苗時。去其蔗幹之頭部。僅用其近蔗根而且十分發達之部分然其病源仍不能根治。至其後沙韋特博士輸入布哇產糖蔗。採其種子。作實生苗。或接以異種之糖蔗。作成混合種於是

其成效大著。今日爪哇各地。所有凡黃色莖之糖蔗即是也。自是而實生苗之培養。大爲流行。各種之新糖蔗遂續出而無窮盡矣。又據爪哇各地糖業試驗所之試驗。凡欲得健全之糖蔗者。則其氣候之轉換最爲緊要故目下爪哇蔗苗之培養場皆在海拔約一千呎之高地在此培養所得之蔗苗。乃向各製糖所之耕地輸送。各製糖所先暫植之於苗圃。待稍長後。再移植於蔗田。

爪哇之糖業耕作法有二。一爲勃羅及朗式。一爲蘭納索式。

（一）勃羅及朗式者。先將耕地十分犂鋤。每三呎築一溝。溝內每隔一二呎掘一長方形穴。乃插蔗苗於穴中。覆以泥土而使發芽者也。

（二）蘭納索式者。其耕地不施犂鋤。僅每三呎或五呎掘一幅十六吋•乃至三十五吋深十二吋之穴。以其土堆積於左右之高地。乃再於其堆積之土中築長方形之穴。以蔗苗植之。此蓋因蔗田所最要之換氣及水。皆可自由供給故也。

耕地之整理。則不論第一式或第二式。凡糖田所用之蔗苗。必去其頭部柔輭之部分。僅取其長向一呎之下部浸於水。然後橫納入穴。以土掩之。若發芽遲者。每苗一株。可用硫酸肥料之溶液約六格蘭注射之以助其發育。

爪哇之糖田多利用中部及東部地方肥沃之地大半爲米田所改造其地質係黏土性及砂泥混淆之土壤爲多凡灌漑便利之處雖海拔二千呎之高地尚常有糖田遇目。普通糖田。三四月間犁鋤七月植苗惟七月已屬乾燥期故須十分灌水其肥料以硫酸安母尼亞及豆餅爲主。糖蔗種後經十閱月乃至十四閱月成熟。雖最高之地。約須十八閱月以上。然刈穫糖蔗普通均自種後第二年之七月至十月間告竣者也。

收穫及製造法

糖蔗既熟卽須著手刈穫遲則其含有之糖分必減其刈穫方法。有在根邊平面切斷者。有連根拔起者。然不論何法。刈穫後卽去其葉莖之頭部可保存之以作苗其他則直送入工場製糖。工場機器之動力以薪糖蔗之葉及已將糖分絞出之蔗幹渣滓•爲供給。每荷畝可出糖蔗九百擔。普通得製粗糖一百五十擔。然亦有得製粗糖一百六十擔者。法將刈穫之糖蔗先上壓搾器搾之。得糖汁約原量十分之六分五或七分。乃再將殘部之莖浸入温湯。再四搾之。又可得若干。約前後可共得原量十分之八者也。雖亦有工場。不用壓搾。僅切爲細段。投於熱湯以煮出其糖分者。惟今日一般之風潮。用最新式之壓搾器者爲多也。

次將搾得之糖汁煖之。其法有二（一）混石灰乳而煮沸之。去其上部固定之糟糠。復將沈澱清濾之。卽得精良之糖分。（二）先和以石灰。次以炭酸瓦斯注入。用氣體清濾法是也。然後將已經清濾之糖汁置於機關。俟其水分蒸發大半。後更入濾池續行煮沸。卽得結晶體之白糖。其糖蔗之渣。曝乾後可供燃料。至其火爐之所以用薪者。無非因煤炭之不足故耳。

製造白糖有用炭酸瓦斯者。有用亞硫酸瓦斯者。亦有二者混用者。輸往英屬印度之白糖。則常用炭酸瓦斯。雖實際之費用無大差異。惟亦有謂以用亞硫酸瓦斯爲較廉者也。要之爪哇白糖製造業者。各自信其製造之方法。尚無彼此一定之製法也。

工資及生產費

糖蔗之生產地。適在爪哇島內人口最密之中部及東部。故雇用工人。尚不甚難。大半均用人工耕作。無使用大農式之器械者。惟所用工人。其在運搬及深耕兩部分者。則用强壯之青年。至若蔗之選擇、分配、移植、及肥料之添加等。則皆老幼婦女混用焉。耕地大部分皆有包工。工頭委任耕耘及種植一切。凡苗之選擇、移植、及肥料添加等工人。有一日僅得荷蘭幣約一角者。惟槪括言之。爪哇東部每月每人之工資約荷蘭幣三角二三分。中部三寶瓏地方則二角五分而已。又糖業者欲防工人之離散。及期望工價之低廉。過半均取月給制度。而又利用豫支薪水之法以牽制之。今則已成慣例矣。

據斯業者言。白糖一擔之生産費(一)栽植糖蔗約一盾六角乃至二盾三角。最高者爲二盾六角。(二)刈穫及運送至工場費用約四角五乃至六角。(三)製糖費及打包費約二盾乃至二盾三角。故爪哇糖一擔之原價平均不過五盾。白糖則較粗糖約再加一角之加工費云。

製成後。乃將其中赤糖每二擔裝一籠。白糖則裝甘泥袋。以輸送於海外焉。

耕作上之特別慣例

除製糖業者自己有地耕作外。凡與土人結約借其土地以種糖蔗者。向來障碍甚多。至近年乃多以十二年爲一期而借用其土地。其借費視地味之適否及需用之程度而異。惟據舊來慣例。則以一收穫期。卽普通十八閱月。乃至二十一閱月。（有時須二十三閱月）爲一期。計算良田每荷畝約四十五盾乃至六十盾。（地味惡者二十五盾）若運輸便利。欲借者多之良田。竟有增至八十盾者。

惟近年又採用一新法。卽借資本於土人。令其自種糖蔗。刈穫後。乃供給於製糖所者是也。此法在爪哇中部及東部均逐漸推行。而吉里彭。三寶瓏。泗水。馬籐。及克笛力五州尤盛。三寶瓏州恰巴剌附近之各製糖所。對於每1/5乃至1/4荷畝之面積。則借土人以十盾乃至十七盾半之經費。其肥料又另由製糖所供給。令土人自種糖蔗。其借款按月分償。刈穫後。乃照市價賣與製糖所。又一千九百零八年。克笛力州之倫彭製糖所以四十三荷畝爲限。丹容莫逐製糖所以三十荷畝爲限。給與土人以蔗苗。且每荷畝借與三十盾。令其自由耕作。刈穫後則將糖蔗納供製糖所。扣去前借資本。照市價找付餘額。聞其成績甚佳云。

吉里彭州之糖田。每間種米。故更借土人以五盾乃至十盾之資本。使土人於次期之糖蔗耕種。不起妨礙。又喀蘭逐製糖所。因獎勵短期之米作。每荷畝增借與五盾而尼特爾蘭貿易公司。又以間種之米。務在正月內全部刈收爲條件。以增借資本。故糖蔗之收穫期能令一致。而其成績亦甚佳也。

又丕加倫加州之雀麻爾製糖所以二十三箇月爲一期。每荷畝之借地費定爲三十盾乃至三十五盾。另自十月十五日以降至糖蔗耕作開始期爲止。每月增納一盾五角於地主。開始後五月以降至收穫時（七月或八月）其所種糖蔗。不罹火災。則於規定之借地費外。每荷畝每月增給二盾。若其期間中遭過火災時。則反由地主賠償損失。每畝減借地費五角。此法行後。成績大著。雀麻爾製糖所之糖田。火災度數大減。故各工場仿效之。從前因豫防火災所雇用之工人。今僅供防禦盜賊之用。而經費大省矣。

譯者附誌

南洋五大產業。吾僑之著手經營者。以糖業爲最早。錫鑛椰子次之。橡皮又次之。故在荷屬華僑由糖業致富者甚多。然惟三寶瓏之建源棧爲最。該棧在新加坡•香港•上海等各處。均有分棧。規模甚大。總財產約一萬萬元以上。不獨爲糖業界

譯者附誌

之冠。實爲全南洋二百萬華僑之首富。其各部事業。均聘有歐人顧問•技師•事務員•不少。且該棧主人黃君仲涵。正在年富力强之際。除本國語言文字外。能通英語•荷蘭語•馬來語三種。將來發展。正難限量。惟目下國步多艱。回顧祖國百業凋疲。人文未進。此後無論實業•航通•教育•通商。以及政府•社會•各方面。有待於資本家之努力者正多。寄語黃君。尚其爲國奮發焉。又三寶壠之甲必丹兼署瑪腰林君謙泰（甲必丹及瑪腰均係荷屬官名由荷蘭政廳委任專管華民事務者）亦係由糖業致富者。其棧名即稱爲謙泰棧。此君熱心公益。不辭勞瘁。現充該埠華商總會總理。兼三寶壠中華學校總理。譯者以爲華僑在南洋最大急務。莫如擴張商業。振興教育二事。今林君力任二職。故吾人甚願表彰之。而又甚期望之也。

五、煤油業

煤油界之活躍

最近數年來日本之煤油界。內則各公司之合併。外則各國產之競爭。故大呈活躍之氣象。內地油經寶田及日本兩公司。買收各小公司及各鑛區後。而前者在明治二十六年。僅以一萬五千圓之資本。設立於長岡者。至去年已爲一千五百萬圓之大資本公司矣。後者在明治二十一年。僅以十五萬圓之資本。創立於尼瀨町者。今亦爲一千萬圓之大資本公司矣。蓋此二公司之經營。實占我日本全國煤油總產額之十分之九也。外國油對此二公司之競爭者。則惟美國之美孚公司。及荷蘭之蘭琴克遜（即亞細亞煤油公司）爲二大頭目。此世人所熟知者也。惟亞細亞公司之背後。有强力之英法兩國爲之援助。其對於美孚之競爭。又儼似有歐洲資本家與美國資本家角逐劇戰之勢。而此歐洲各國資本家所組織所支持以雄飛於東洋之亞細亞煤油。又即自荷屬東印度所採掘者。

亞細亞煤油公司之勢力範圍

每年輸入我國之亞細亞煤油公司。均係販賣巴達夫西煤油公司（資本金八千萬盾）之油簡言之。則亞細亞宛如巴達夫西之營業部而已。蓋巴達夫西煤油公司實掌握蘇門答剌及婆羅洲煤油界之絕對優勢權。因該公司。係合荷蘭煤油界之霸王老易特煤油公司。（總資本金五千二百萬盾）與其運輸販賣機關之西爾運輸貿易公司。（資本金五百萬磅）所合同協力而組成之之國際貿易社團也。加以阿恩克洛撒克遜煤油公司任監督之責。而其投資家中。又有在俄國有油鑛之羅斯吉德氏爲其熱心之後援。

故上記諸團體均有異體同心之概。以左右荷蘭之煤油界而活躍於東方者也。今試觀兩三年來日本內地油之產出額及外國油之輸入額如左。

▲日本內國油出產額

	明治四十二年	明治四十三年	明治四十四年
總產額	六四二•八五一四圓	六八八•〇四七一圓	六八八•八五五二圓
寶田公司	三一四•九二一四	三四四•五七六二	三三七•七三一五
日本公司	二二〇•二一一八	一八三•三一九二	一八六•七一五七

▲外國油輸入額

	明治四十二年	明治四十三年	明治四十四年
美孚公司	七〇四•一〇七九圓	九九五•四六〇五圓	九〇一•〇八一三圓
亞細亞公司	四六一•六一五二	四三四•八六八五	四〇五•四五六七
其他	六八	—	—
計	一一六五•七二九九	一四三〇•三二九〇	一三〇六•五三八〇

卽荷屬東印度煤油之輸入我國者。尙不過美孚二分之一內外。然與我寶田及日本兩公司之產出額相比較則固大占優勢也。若他日再進一步行將與我內國油總產出額爭勝負矣。(我內國油今尙不過外國油之約半額。對照上表。當明瞭焉。)今記荷蘭煤油由亞細亞煤油公司之手販賣於各國之總額如左。

▲荷屬婆羅洲及蘇門答剌煤油輸出表

輸出地	明治四十二年 數量(立突)	明治四十二年 價格(盾)	明治四十一年 數量(立突)	明治四十一年 價格(盾)
輸出總額	五●〇〇四五●七三九〇	二〇〇一●八二九六	五●一八〇九●三五二八	二三二四●三七四三
新加坡	七九五三●五一七五	三一八●一四〇七	一●六一六四●八四五七	六四六●五九三八
日本	五六四二●七〇一五	三三五●七〇八一	五六七三●一三六四	三三六●九二五六
南非洲	四四九●六六七四	一七●九八六七	五五一●八四三九	二二●〇七七八
印度	五九八六●九二一八	三三九●四七六九	八〇九七●九一八三	三三三●九一六七
檳榔嶼	一三六一●七一九四	五四●四六八八	一二八四●〇八七七	五一●三六三五
馬剌呷	一●五八九五●五〇六一	六三五●八二〇三	一●七四五六●四四九七	六六八●二五八〇

暹羅	四一二●〇四四九	一六●四八一八	十三九●五四五一	二九●五八一八
西貢	五八九●七六四五	二亖●五九〇六	二〇八●八〇九一	八●三五二四
中國	六六五八●四二三一	二六六●亖三六九	二三三三●三八九二	八八●九三五六
香港	八四六●八七六八	亖三●八七五一	八一二●七〇〇〇	三二●五〇八〇
上海	一六四五●〇〇〇〇	一〇五●八〇〇〇	二〇一一●九〇〇〇	八〇●四七六〇
濠州	一〇亖二●二八九九	四一●二九一六	四亖五●八八六八	一七●四三五五
蘇彝士	五一五●三〇〇〇	二〇●六一二〇	五四〇●六八四〇	二一●六二七四

（備考）老易特公司諸事嚴守密秘。故其後未得其統計。且上表以外。尚有輸出於其他各地者。茲省略之。

採油情形

輸出港以婆羅洲之拔里巴彭港●蘇門答剌之倍克倫婆湞堂港爲主。其他蘇門答剌島之丹容普拉及巴倫彭港等。亦有相當之輸出。至爪哇之泗水巴城兩港。亦皆爲煤油輸出地。此無待言者也。

以上所記僅指與我國關係較深之荷屬婆羅洲及蘇門答剌油而言。其他爪哇及馬士剌幷西列倍斯二島。亦皆有煤油礦。現德羅池煤油公司。專從事於爪哇島內之煤油業。此公司與老易特公司相對立。且較老易特創立尤早。自一千八百九十六年來。每年得利之巨。達百分之二十以上至百分之五十五云。今表示主要各公司如左。（明治四十一年調查報告）

公司名	礦區面積（單位海克推 約二英畝半）	出產額（單位一千吉羅格蘭）
老易特煤油公司	五•七一八五	三七•五二六九
德羅池煤油公司	七•七四〇七	一三•二六七九
丕拉克煤油公司	四〇三七	二三•九五五八
荷屬東印度殖產貿易公司	一七•五五八六	二七•一三一九
荷屬東印度油礦公司	九九三	四四七三
爪哇煤油公司	二•六六五〇	四〇一
農林礦物產公司	未詳	一三•四五一九
南丕拉克煤油公司	未詳	四•三七八六

加勃司煤油公司　一五五　一八六一

老易特公司有五製油廠在蘇門答剌島倍克倫•婆浪堂二處各一。同島巴倫彭州二。婆羅洲之拔里巴彭一。德羅池公司有三製油廠即爪哇島之四水市外•及倫彭州之吉普•及三寶瓏市三處是也。其礦區面積如左。

▲荷屬煤油礦面積及產額

島名	面積（單位海克推）	產額（單位一千吉羅格蘭）
爪哇	九•二二三八	一二三•五六七九
蘇門答剌	五•六一九五	七三•八五五六
婆羅洲	一八•〇五三七	三八•一〇四九
馬士剌	七八六三	未詳
計	四〇•二四九六	一二五•三二八四

礦區面積甚廣而採油尚少。如婆羅洲者。因目下尚在著手初期故也。現在出產最多之地。為蘇門答剌島亞丁州之配猶路拉及勃羅跌蘭二礦。與同島巴倫彭州之

士彭、却里克及姆阿拉尼等礦。至若婆羅洲方面。現僅東部之山甲山甲地方稍旺盛而已。惟婆羅洲西部及英屬婆羅洲、沙拉滑克幷西列倍斯等處。亦隨在皆有煤油礦脈發見。若將來此等各地盡行開發。則採油之額。必較現在產額增加數倍乃至數十倍無疑。

油質及副產物

荷屬產之煤油。較美國片錫佛尼亞產稍劣。俄國拔跌姆產稍優。蓋介乎其間者也。故亞細亞油較美孚油每箱價低五六角。惟荷屬產亦各不同。爪哇及蘇門答剌者則比重略小。大半供便擎及燈火用油爲多。婆羅洲者則比重甚大。重油獨富。可精製之。令便擎、喀里遜機械油、礬士林、巴拉粉等遊離。以製出輪船工場用及燃料品之重油也。故此種煤油之副產物。每年除油滓約三百七十萬盾外。得巴拉粉油約八十萬盾。便擎油約一百四十萬盾。我國在明治四十二年份。亦有二十萬一千五百餘盾之巴拉粉油。自荷屬輸入者也。

上記諸公司之職員及技師。皆歐洲人。而礦夫則大半爲中國人及爪哇土人。製油廠之職工。亦以中國人爲最多。礦夫工資每日約四角。（皆係契約勞働者合住於寄宿舍）間亦有

煤油界之近況

每日得一盾乃至三盾以上之高等職工者也。

茲略敍前巴城領事染谷成章氏所報告之荷屬煤油界近況如左。此與予當時踏查之情形相同。足資讀者之參考焉。

與美孚煤油公司共握世界煤油市場之牛耳之老易特煤油公司。先年曾受美孚挑戰的損害。然因得英國資本家之援助。竟能通過難關。去年又新買收羅斯吉德家所經營之俄國油公司二所。故老易特公司之事業。成爲英法荷三國資本家之結合團體。將益進於世界的經營。其地盤之堅固。已使美孚不能染一指。

從來該地之營業狀況。凡煤油礦區之所有者。先組織一公司。採汲原油試辦後。若其產額甚多。則由有力之精油公司買收其油井。其法乃與礦區所有者以若干之資金。仍令依舊採汲原油及運搬各事。其運出之原油。亦按量給以一定之原價。如是將所集之原油精製而分類之。然後以協定市價讓渡於中央團體之「國際貿易社團」。而「國際貿易社團」遂以之輸送於消費地而販賣焉。故該地煤油公司數雖不少。要皆以採汲原油者爲多。而其礦區及事業。則或直接或間接皆歸巴達夫西一大煤油公司所掌握。其有油田油井採取權之公司。均被買收。以買收金償卻其資本。其後每年所出煤油。按量分配利益而已。又德羅池煤油公司。雖僅僅擁三十五萬盾之資本。然素來雄據爪哇東部倫彭、泗水、馬士剌三郡。且所有油田油井之採收權甚大。故由其權利上所生之利益。實每年得資本金七倍以上之純益者也。

巴達夫西煤油公司之資本共八千萬盾。其股　分A B二種。合計五大股。卽A爲老易特貿易公司。係荷蘭資本作三大股。B爲西爾運輸貿易公司。係英國資本作二大股是也。凡油井之經營•原油之精製等。皆歸老易特擔任。煤油之輸出•及販賣等。則歸西爾公司擔任。蓋在東方之荷蘭油販賣權。實全歸此巴達夫西之變名所謂亞細亞煤油公司所獨占者也。故該「國際貿易社團」（卽亞細亞公司）不獨事實上握全荷屬煤油界之機軸。且絕對防他人之潛入。而其基礎甚固。該社團若欲買收油井等時。則由老易特公司當其衝。其買收所需之資本。則以老易特公司之股票及西爾公司之股票。配合提供。以交賣主。此二公司股票之市價。常在票面額五倍

將來必日益活躍

以上。故公司之買收費。遂意外低廉。且買收此等新公司之油田及油井時。而其所給與之股票面上。必有一條特別之規定。卽三四年後。老易特公司得以一定之價格。有買回此股票之優先權是也。故該公司之股票自然均歸入少數股東之手矣。又傳聞老易特煤油公司。至一千九百十一年十二月底爲止。股本之已交者共四千四百四十一萬八千盾。（總資本一億盾）卽不過總資本百分之四十四稍强而已。至一千九百十二年。與美孚油大競爭時。又買收獨立於爪哇東部之德羅池煤油公司。老易特出新股票三百八十二萬盾。西爾公司出新股票二百十萬鎊。另又贈德羅池公司之舊總理以二十萬盾之老易特新股票。又同年中、在巴里府買收羅斯吉德家所經營之「喀斯丕納」外一公司。故老易特公司。又發行新股三百九十萬盾。西爾公司發行二百四十萬鎊。此外如該社團所有之埃及煤油礦經營費。爪哇德羅池煤油公司事業改良費。俄國「烏拉干丕安」方面之煤油採集。及羅馬尼亞之油井產額增加。因而所要之設備費等等。又發行四分五釐利之優先股二千八百五十萬盾。職是之故。在一千九百十二年中。老易特公司之資本增加一千零四十九萬盾。(內普通股七百六十四萬盾 優先股二百八十五萬盾)即將其中之優先股二百八十五萬除去之則該公司在一千九百十二年十二月末之資本當亦達五千二百三十三萬八千盾矣。

又與老易特公司相協力之西爾運輸貿易公司。在一千九百十一年末。股分之已交者。不過普通股二百五十萬鎊。優先股一百萬鎊而已。然其翌年春又發行優先股五十萬鎊。分配於舊股東另因買收德羅池煤油公司。計增發新股二十五萬鎊。買收羅斯吉德家所經營之俄國油礦。計增發二十四萬鎊。加以老易特所經營之煤油產額日增則輸送及分配上所必要之新設備費萬不可少故次年又新發行股票五十一萬鎊。因此西爾公司之資本一千九百十二年內增九十九萬鎊共成四百四十九萬鎊再加次年募集之五十一萬磅總計已擁有五百萬鎊之巨資者矣。

基礎穩固

擁如此大資本之二大公司。其經營之煤油產額。據該公司之計算。一千九百十一年末總計一百七十五萬鎊。一千九百十二年產額約增七十五萬鎊。總計爲二百五十萬鎊。再加次年著手之埃及油井產額。「烏拉干丕安」油礦之改良。及年產四十三萬二千噸之「喀斯丕納」油井產額等。則此後之總產額。必更大大增加無疑。曾記該年四月二日倫敦電報謂英國政府已與西爾公司特約。凡艦船用重油。均由該公司購入。故其發展。正難限量也。

故該「國際貿易社團」之事業。初爲美孚公司之挑戰的行動所刺激。今則反基礎確立。莫可搖動矣。該社團近來取絕對秘密主義。不獨謝絕局外者之參觀。且公司中雇聘各職員。亦加嚴重之制裁。雖事業之細微末節。亦點滴不漏。因之一般視察者。對於該社團之措置。頗抱惡感。然最近數年間、始雄飛於世界。而爲美孚之一大强敵之該社團在其商策上。蓋亦萬不得已之事耳。

又該團之事業中。其擔任煤油之生產及精製之兩任務者。老易特公司也。惟其資本全部在荷蘭本國募集。似稍不妥。且其事業以加速度之勢而猛進。故今後所要之資金。若仍執舊方針。則其他之事業經營者。未免大受苦痛。故該社團於買收羅斯吉德家所經營之煤油公司時。令原主得間接享有參加利益之權利。於是其結

果使老易特公司所要之資金得在世界金融中心點之巴里募集故該社團之事業益進而成世界的而其基礎亦更強固一層也

譯者附誌

按世界煤油之歷史最古爲俄油其次爲美油再其次爲荷油今者荷俄合併故全球煤油界之二大頭目厥維美孚與亞細亞二公司而已然猶使二公司日夜焦慮不能安枕者卽我中國之油礦是也蓋二十世紀之地球無論東西南北凡人跡可到之處其產額豐富品質優良之礦物無不爲文明各國先後開盡雖以馬來土人之舊蠻國人文未進交通未開而錫鑛煤礦油礦亦皆相繼開採則翻閱輿圖遍覽東西兩半球其地大礦多無窮無竭至今猶依然原始時代之舊觀從未經人開鑿者舍中國外尚有他哉故美孚之覬覦我油礦也已久加以荷油崛起美孚初欲乘其基礎未固時用挑戰的行動壓倒之不料荷油得英法資本家之援助不惟不倒且蒸蒸日上焉故近年美孚對於亞細亞大有後生可畏之勢將來婆羅洲西部及西列倍斯各處之油田若亦次第開採則產額既富而在

東方市場。運輸又便。美孚決非亞細亞之敵。苟不在東方攫得一最優秀之油田。就近開採。就近銷售。決不能對抗亞細亞而維持其煤油界之閥族的體面。適逢本年春列强在我國內。分得鐵路礦山等各大權利。而美孚遂乘機以起。要求我國唯一優良之陝西延長油礦以去。吾知此後美孚對於亞細亞在煤油界之惡戰。必大有可觀者也。雖然吾家兄弟。坐視他人據吾家產業以與人競富。吾又何忍復言哉。

南洋與日本終

中華民國三年九月十日印刷
中華民國三年十一月十日發行

定價大洋壹元陸角正

著者　日本井上清
譯者　民國黃率眞
印刷者　中華書局　上海虹口東百老匯路
寄售處　中華書局　北京天津奉天廣州長沙開封濟南保定武昌太原常德福州
分售處　中華書局　溫州長春漢口南昌南京杭州成都重慶雲南徐州

總代發行所上海拋球場中華書局

南洋與日本